「母親力」を高めるコーチング

子育て応援・こころのレシピ

大石稜子
「共育コーチング」講師

素朴社

まえがき

わんぱくでもいい、明るく元気な子どもに育ってほしい。どこかで聞いたセリフです。思春期に体の弱かった私は、長男が誕生したときにそんな思いを寄せました。それから十年、子育てをしながら教師となった私は、多くのお父さん、お母さんからもこの言葉を聞きました。明るく元気に育ってほしいのは、私たち親にとって共通の願いではないでしょうか。

私にとっての「明るく元気」というイメージには、学習や遊びへ意欲的にかかわる姿が重なります。子どもたちが興味や好奇心から物事に自主的・自発的にかかわる態度こそ意欲の表れであり、明るく元気な姿でありました。

それでは、子どもたちの意欲は何から生まれるのでしょうか。子どもは幼ければ幼いほど好奇心のおもむくままに動き出します。目にする物や手が届く物をなめる、ハイハイする、歩くなどの行為は好奇心だけで意欲が発揮される過程だったと思います。できるかできないかなどと考えたりせず、いろいろなことを試していきます。

子どもたちが自ら食べたい、知りたい、理解したい、できるようになりたいという動機をもつことが意欲の芽生えるきっかけであり、そこで邪魔をされなければ自発的に行動し始めるものだと思います。

かつて小学生の子どもたちと五泊六日で無人島体験を主催した人から聞いた話です。無人島ではもちろんガスも水道もありません。ポリタンクに入れた重い水を運び、石を組んでかまどを作るところから始めて自分たちのご飯を作ります。その過程で三年生から六年生までが打ちとけて、励まし合うようになるのだそうです。

子どもたちは一人ではすべてに太刀打ちできないことに気づき、力を合わせて協同作業に取り組むのでしょう。海で釣った魚をさばいて食べることで、命をいただくありがたさが身にしみ、「いただきます」の意味を見いだしている様子が記録フィルムから伝わります。

そんな生活をサポートするために初めて参加した大人のスタッフは、かまど作り、煮炊きの危うさや失敗、子ども同士のけんかにうろたえるそうです。ところが、毎年のように同行を繰り返すと、ゆったりと見守ることができるようになるのだそうです。数回同行を経験したスタッフが、遠くから見守れるようになることに、何か子育ての基本的なヒントがありそうです。

見守られている子どもたちはのびのびと無人島での生活を楽しみ、きれいな海や見たこともない魚に感動するとともに、外国から流れ着いたゴミにも出会って、問題意識をもつようです。

「子どもたちはみな自ら育つ芽をもっているのですね」

無人島体験の主催者が涙を浮かべて語った言葉が印象的でした。目の前に生きるのに必要な物がそろっており、目を遠くにやれば広い世界があることを知った貴重な体験だと感じました。

たまたま耳にした無人島体験での子どもたちの育ちや周りのスタッフの様子には、日々の気がかりに埋没しがちな親心を、原点に立ち返らせてくれるヒントがあるように思えてなりません。

この本は、子育てで悩みや不安を抱えているお母さん方に勇気をもってもらいたい、という思いでさまざまな事例も紹介しております。親はどうしても転ばぬ先の杖をついてやりたくなるし、道先案内をしたくなるものです。そんなときに、ちょっと別の角度から考えてみることが必要なときもあります。

自主性・自発性を発揮して、意欲的に行動する子どもを育てたいお母さんお父さん方には、次のようなメッセージを贈りたいと思います。

＊子どもには自ら育つ芽がある。
＊子どもは自ら欲すると自ら動き始める。
＊子どもは見守ってくれる味方がいれば不安を乗り越えて勇気を出せる。
＊子どもが一歩踏み出せば多様な人の存在に気づく。
＊子どもが一歩踏み出せば広い世界に気づく。
＊子どもが一歩踏み出せば材料や方法がいくらでもあることに気づく。
＊子どもが一歩踏み出せば丸い地球上に生きる生物の一員であることに気づく。

親から離れた子どもたちは、自分の五感で情報をキャッチするようになります。そこでは脳がとても働いているように思います。まずはそういう環境を用意することが、子どもの能力を伸ばすことになります。家庭だけにいれば自分と家族しか目に入りません。そこでの折り合いにばかりとらわれて葛藤するのは、実にもったいないことだと思います。苦しさや焦りを感じているときでも、見方や考え方を変えると、まったく違う感情が生まれることもご紹介しました。少しでも子育ての参考にしていただければ幸いです。

「母親力」を高めるコーチング　もくじ

イラスト◎さのあきこ
カバー／本文デザイン◎藤井国敏［push］

第1章

子どもの「やる気」の引き出し方

◉子どもが好きなことを大事にすると意欲が高まる

イチローや石川遼君のように、幼いときから好きなことに打ち込めれば幸せだと考える人は多いと思います。そうなのです。子どもの意欲を引き出して大きく伸ばすコツは、好きなことやしたいことをサポートしてあげることです。しかし、自分の子どもが好きなことにばかり打ち込んでいるのを手放しで喜んでいられるかというとどうでしょうか。

もし子どもから「ダンサーになりたい」と言われたら、イチローのお父さんのようにサポートできるでしょうか。

「リトルダンサー」という一九八四年のイングランドの炭鉱町を舞台にした映画があります。主人公ビリーは、ボクシング教室に通っていましたが試合には負けてばかりの一一歳。ある日偶然目にしたバレエ教室に強く惹かれ、父親の目を盗んで通うようになります。するとぐんぐん上達するので先生も熱心に教え始めます。ところが運悪く父親にばれてしまいます。将来は自分と同じ炭鉱夫にしようとしていた父親の怒りを買ってしまったのです。バレエをやめさせられたビリーは、悔しさをぶつけるように一人で踊り続けるのでした。

このように、親は子どものためと思って子どもの夢を奪いがちです。良かれと思ってとった言動が、子どもをだめにしてしまうケースもあります。童話に出てくる継母のようにいじめたいわけではなく、子どもを愛するがゆえ、期待するがゆえに、自分がいいと思う世界に閉じ込めがちなのです。

ビリーの父親は息子が近所の子どもと同じように男らしく育つことを願い、「炭鉱夫になることがこの町では一番よい」などと言いながら、ビリーのバレエへの興味を何とかそらそうと画策します。しかし、ビリーは紆余曲折の末の一五年後、背中に大きな羽根をつけた衣装で舞台に立ち、招待した父と兄の前で羽ばたくように踊って、堂々とスポットを浴びたのでした。

日本では、休日の小学校のグラウンドなどでお父さんがコーチをしている少年野球やサッカーチームなどがたくさんあります。お父さんが好きで始めたのか子どもが好きで始めたのか分かりませんが、子どもたちは夢中でプレーしています。プロで活躍している選手の存在が彼らのゴールイメージでしょうか。きっと今はイチローや石川遼くんに憧れている少年が多いと思います。

小学四年生のT君は身体能力が高い野球少年でした。家族の応援を受けて好きな野球に一生懸命励んでいる反面、なぜか暴れ出すことがしばしばありました。練習で疲れ過ぎているのか、課題がストレスになっているのか分かりませんが、感情を抑えられずにイスを投げつけるような態度が目立ちました。

T君はとても均整の取れた筋肉質の体で、それが相当のトレーニングを積んでいることを物語っていました。普段は無表情でいることが多く、体育で跳び箱を飛んだときの満足げな笑顔が印象的でした。お母さんの話からは、漫画「巨人の星」を思わせるような厳しいしつけの様子が伝わってきました。お母さんはプロになることを期待しているかのように、いつも嬉々として話していました。情緒面の課題はたいして気にならないようです。T君が父親の叱咤激励に反発ひとつしないで励んでいる姿を見ているせいか、子どもを信じきっているようでした。

「先生、〇〇は契約金が一億円ですよ」と、あたかもT君が一億円を約束されているように嬉しそうに話すのです。T君は本当に身体能力が高かったので、疲れたらガス抜きをして前へ進んでくれたら嬉しいなあと願っていました。しかし担任をしていた一年間には、T君から野球を楽しんでいる話を聞くことはありませんでした。

医者になりたいという医師の子どもたちは多いものです。幼いときから勉強が好きな子もいますが、親の影響を受けて医師をめざしている子も多いと考えられます。

成績が落ちたことで厳しい父親を恐れた少年が放火し、継母や弟を死なせてしまった事件がありました。最近の凶悪犯罪の背景には、成績についての劣等感や受験の失敗などが見られます。一緒に夢を描くことはすばらしいと思いますが、親の期待が子どもを追い詰めることだけはしてほしくないと思います。

子どもの前に立って引っ張るのではなく、子どもからリクエストされたことをサポートする、あるいは子どもがつまずいた課題の解決を手伝う、精神的な支えになって励ます役をするなど、あくまでも子どもの自発性や自主性が損なわれないようにすることが大切ではないでしょうか。

子どもたちが好きなことに一生懸命になったり、夢中で遊ぶことは、本人の能力を開発する上でとても大切なことです。その能力をきわめていって、将来大きな発明をする可能性さえあるかもしれないのです。子どもたちが好きなものを持っていることは、磨けば光るダイヤモンドの原石を抱えている、といってもいいかもしれません。

子どもの好きなことやしたいことを精一杯応援することが、子どもを伸ばす一番の方法

であると私は思っています。成績や順位を上げるための方法や受験に勝ち抜くための方法のように、何か決まったことをしなければならないというものではありません。ハウツーではなく、マインド（脳と心の働き）をサポートする方法です。

つまり、一人ひとりの子どもによって好きなことは千差万別ですから、「好きだ」とか「黙っていたらいつまでも続けている」ことがあればそれを尊重し、否定したり、取り上げたりしないことが大切です。

映画評論家は、子どもの頃から

映画館に通っていたという人が多くいます。映画のことで良い成績を収めたから評論家として活躍しているわけではないと思います。テレビでおなじみのスポーツキャスターは、何かしらのスポーツに夢中だった人たちです。小学校低学年から毎日二時間も集中したら、小学校卒業時には大人顔負けの技術や知識を身につけている可能性があります。伸び盛りのときの吸収力のすごさは石川遼君が見せてくれています。

小学校低学年くらいまでの遊びは、特に将来に結びつけて想像することが難しいかもしれません。単にエネルギーのはけ口でもあるように思えるからです。しかし、子どもの遊びをばかにしないでください。ここで十分楽しむことを保障されると、自己肯定感が育ちます。劣等感や恨みのようにネガティブな感情ではなく、前向きで意欲的な子どもが育つ条件としても、ぜひ好きなことや遊びを大切にしてほしいと思います。

子どもの意欲を伸ばすためのサポート

▼子どもの「好きなこと」を尊重し、否定しない。

▼リクエストされたらサポートする。

◉「あなたならできる」「君なら大丈夫」という声かけの効果

子どもたちの可能性を信じて「あなたならできる」「がんばっているね」と声をかけるだけで、それを証明するかのように成長していった子どもたちの例をご紹介しましょう。

M君は小学二年生の男の子です。おしゃべり好きで、教室での学習にはやや集中力を欠きましたが、明るいので私は心配していませんでした。

そのM君は体育の鉄棒で、最後まで逆上がりができませんでした。私は足のけり方や腕のひきつけ方のアドバイスをしながら、「もう少しだよ、あなたならできる」と励ましました。それでも二週間の日程を終える日まで、彼は逆上がりができるようにはなりませんでした。そんなことがあってから二ヵ月近くたった日のことです。休み時間の後、彼が嬉しそうに声を弾ませて教室に入ってきました。

「先生、ぼくね。逆上がりがついにできたんだよ。ずっと一人で練習していたんだよ」

彼はドッジボールが好きで休み時間になるとすぐに校庭に出て楽しむ子どもでした。そのドッジボールの合間を縫って練習していたというのです。野球やサッカーチームに入っている子どものように、闘志剥き出しになるような子どもではないので本当に驚きました。

「実は毎日ちょっとずつ練習していたんだよ」

にこやかに話してくれた表情が忘れられません。M君のどこにそんな情熱があったのか気づきませんでしたが、毎日数回ずつ挑戦していたのだそうです。あきらめずに挑戦していた自分に自信を持った瞬間です。彼の成長に大きく影響する成功体験だと思いました。

小学三年生の体育の授業でポートボールのリーグ戦を行ったときのことです。球技では、私は個人の能力を伸ばすことと共に、チームワークやチームプレイの向上を目指してリーグ戦を組んでいました。Aチームには手足に少し障害があって走ることや、ボールをとることが困難なS君がいました。そのチームのリーダーは学級内で最も身体能力が高い子どもでした。

全体練習が終わってチームごとに練習が始まったときです。Aチームのリーダーが私のところにやってきました。

「先生、S君は走れないから、攻撃にいても守備側にいても危ないし邪魔なだけだから、コートの外で応援してもらっていいですか」

彼にはリーダーの力があると思っていたので驚きましたが、全員参加もルールであることを説明し、「君らしくないね。君ならチームのみんなで戦える形を作れると思っているよ」と、「あなたならできる」というメッセージを伝えました。

彼はチームに帰って再びパス練習を始めました。Aチームには S君以外に野球をやっている男子もいましたが、あとは球技に興味がない女子三人という構成でした。リーダーは女子や指先に力が入りにくい S君に、やわらかいパスをして受け取る練習を始めました。何回か繰り返して間合いを調整しながら励ます声が聞こえてきました。

その日はチームごとの練習で終了時間となりました。全員に集合をかけて終了しようとすると、Aチームのリーダーが、「先生、S君がボールを取れるようになったよ。見て見て」と言うのです。

振り返って少し待つと、リーダーがS君から少し距離を取って山なりの軌跡を描いたボールを投げました。S君は少し不自然な姿勢でしたが、見事がっちりとボールを受け取ったのです。必死に抱きつくような取り方でしたが受け取れたのです。Ａチームのメンバー全員が嬉しそうに沸きました。

次の週にはリーグ戦になります。体育終了後、リーダーはＳ君が前半後半を通してゴール台に立つことを認めてほしいとクラス全員に交渉しました。一応クラス内では、各メンバーが前半と後半で攻守の交替をすることがルールにありました。しかしＳ君がハンディを背負っていることを知っている他チームの子どもたちは、気持ちよく了解してくれました。

いよいよリーグ戦です。各チームが一日に一回は試合をし、試合の前後に練習もする日程です。そんな中なんと初日にＡチームは勝ったのです。

体育は一週間に三回ありました。Ｓ君はボールを取れたことがとても嬉しかったのでしょう。しかもチームは自分が受け取ったボールの点数で勝ったのです。次の体育までにもっと上手になろうと相当パスの受け方を練習したようです。家に帰ってからはお父さんにトレーニングをしてもらったようです。お父さんも熱心な方で、体育を遠くから見学していたとき、息子がゴール台に乗って練習しているのを見かけたようです。

そうしてＡチームは二回、三回と勝ち進み、とうとう優勝してしまいました。なんと最多得点の六点はＳ君が受け取った点数です。何より圧巻だったことは、Ａチームのメンバー

6
17
4
1

全員がゴールイメージを共有できていたことです。Ｓ君が受け止められるようなやさしい山なりのシュートを全員が心がけた結集が六点につながりました。他チームはドッジボールが得意な子どもたちがゴール台に乗っていましたが、シュートが高すぎたり強すぎたりして取りこぼしが多かったのです。

体育は「こうなりたい」というゴールをイメージしやすい教科です。逆上がりは友達のくるくる回る姿が、ゴールイメージとしてＭ君の頭に焼き付いていたのでしょう。誰に強制されたわけでもないのにＭ君は自主的にゴール目指して練習を続けました。その結果本当に一人でゴールを達成したのです。

Ａチームのリーダーは全員参加を言い渡されてから、できないことよりできることを探しました。そしてＳ君が初めてボールをキャッチできたときからチームの雰囲気が一段と変わりました。Ｓ君を邪魔者扱いするより、一緒にゆっくりでも進むことに夢中になり始めたのです。

このチームは失敗を責めたり嘆くよりも、励ましあう心地よさをつかんでいきました。Ｓ君をいたわりながら引っ張っているうちに、苦手意識があった女子も失敗を恐れず積極的になっていきました。たぶん人は本来、誰かを邪魔にして排除するより、みんなで協力し合うことを心地よく思えるものだと思います。

一人ひとりの力は小さくてもチームワークがよくて優勝する野球チームがあります。同じようにAチームはチームワークが上達したのです。この成果は周りの子どもたちにも影響しました。ボールをこぼしたチームメイトが悪いのではなく、シュートした自分のボールが取りにくかったということを学んだと思います。何しろクラスで一番ボールキャッチが苦手なS君が、最多得点を取ったのですから。

低学年の子どもの世界では、望むことがそれほど遠いゴールではありません。目標をしっかりイメージすれば自分たちでゴールを達成できるようになります。Aチームのリーダーはサッカー少年でしたが、高学年のときに県のベストイレブンに選ばれ、児童会役員でも活躍しました。球技が苦手だった女子の一人はクラッシックバレエを習い始めていましたが、コンクールに参加するため中学一年時にアメリカのバレエ団に留学しました。

◉子どもの望みを尊重する

私は子どもたちに、「こうなりたいと強く思い続けると実現するものよ」と、いつも言ってきました。私が一番子どもたちに伝えたいことは「望めば叶う」ということです。

これはアメリカのカリスマコーチであるルー・タイスの本の題名です。このプログラムは、元々脳の使い方を自分でコントロールできる仕組みを分かりやすく提供する、認知科学のプログラムでした。最近は開発に脳機能学者で分析哲学の世界などでも活躍している苫米地英人博士も加わっており、この新しいプログラムを受講した人としては、北京オリンピックで八冠を取った水泳のマイケル・フェルプスが有名です。

あのような偉業は、身体や生まれた家庭の財力に恵まれているからできたことだろうと考えてしまう方に紹介したい人がいます。その人の名はマイケル・ボルダック。彼は七歳のとき、母親が父親によって銃殺されたという驚くべき生育歴をもっていました。

彼は子育て本には紹介されるはずもない人生をスタートしていたのです。でも今では世界で一〇〇〇人以上もの人をコーチした、カリスマコーチとして有名になっています。彼は今では自分が望むように人生を歩んでいます。高校を中退して芝刈りで収入を得ていたときには想像もつかないほど、世界中の人から求められて成功しています。

過酷な境遇に育った彼を思うと、かつての教え子がそれぞれに背負っていたハンディを思い出します。親の離婚でさびしい思いをしていた子どもがいました。親が借金に追われて給食費も払えないことに、肩身の狭い思いをしていた子どもがいました。また、体に障害があって周りと同じことができない子どももいました。それぞれに自分ばかりがつらいと思っていたかもしれません。それでもそれぞれにある潜在能力を信じて励ましていくと、それまでには考えられないゴールを達成することができました。

マイケル・ボルダックが運命に負けないで成功をつかんだように、誰だって望めば叶えることはできると思います。彼を知ったら境遇のせいであきらめる子どもはいなくなるのではないかと期待します。将来に向かって自分自身の人生を生きる勇気がわくと思うからです。

前向き（肯定的）な大きいゴールのイメージを鮮明にすることで行動は生まれます。成功のキーワードは「望めば叶う」なのです。ゴールの鮮明なイメージがあれば、それに向かって人は必要な知識や情報を手に入れようと行動します。

そういうことが分かっていれば、子どもが「こうなりたい」と言ったときには親も邪魔をしないでいられそうです。M君が逆上がりを練習していることを私は知らなかったので、

彼は一人でゴールを達成できました。余計なことを言って自信を失わせずにいてよかったと思います。

「あなたならできる」と励ました言葉を信じてそれを証明してくれたM君に感謝です。子どもの夢をつぶすドリームキラーにならずによかったと思います。

ならば子どものゴール達成をサポートするには、どんなことをすればよいのでしょうか。盲目の天才ピアニスト、辻井伸行さんのお母さんがテレビ番組でインタビューに答えていました。

「私は育てたというより一緒に歩いてきた感じです。前ではなく後ろからサポートするだけです」

行きたい場所を決めるのも行こうと動くのも子ども自身であり、親は後ろからサポートするという意味に捉えました。

辻井伸行さんの生い立ちを追ってみると、彼が本当にご両親から慈しみ愛されていることは彼の笑顔からも音楽からも感じられます。やっぱりそれは一番の条件だといえます。彼の存在を宝のように慈しむ親の姿が浮かんできます。親ができるサポートのお手本です。忙しくてスキンシップが不足していると感じるお母さんもあきらめないでください。マイケル・ボルダックは七歳で親を失いましたが、それでも大人になって大成したのですから。少しでも一緒にいられそうなときを大事にするだけでも違います。自分を責めて結局は子どもに当たることがないようにしていただければ、お母さんの存在だけでありがたいと思います。

親と子がお互いの存在をありがたいと思うようになると絆は深まります。それぞれに別々の人格として尊重し、少し距離を持って相手の思いを侵さない存在でありたいと思っています。

愛されていると実感できると、誰でも前向きな自信を持てます。「なりたい自分」を目指せば必ず「なりたい自分像」に近づけるものです。結果として一つひとつのステップゴールを達成できるようになると思います。時にはうまくいかずに立ち止まることがあってもいいでしょう。

例え親から見たらちっぽけなゴールであっても、子ども自身が考え、子ども自身が決めたゴールに向かうことをサポートしてあげてください。きっとどんどん大きなゴールを目指せるようになるでしょう。挑戦意欲、自信、自発性、主体性、責任感、そして決断力など、社会で生き抜く力がきっと育つと思います。

子どもがゴールを達成するためのサポート

自分が描いたゴール像は意欲を高め、達成のための行動を促します。

▼子どもの思いや望みを受け止める。（けなさない、非難しない、比較しない）
▼子どもが自己肯定感をもてるような声かけをする。
▼「あなたならできる」「頑張っているね」という声かけをする。

◉授業についていけなかった子どもが自信をつかんだケース

授業で学習の内容をつかめない子どもたちがいました。漢字練習や計算練習の宿題はやってくるのですが、授業中の国語の読み取りや算数の文章題の学習には、ほとんど参加できないのです。イスに座っておとなしくしているのですが、自分から発言することもなく、集中力が見られません。私の説明や指示を理解している手ごたえがなく、自分から作業に取りかかることができないのです。このまま放置しておくと、こういう子どもたちは取り残されていくかもしれないと心配しました。

別の何かに執着しているとか、勉強以外の何かへの好奇心が勝って学習に集中できないとかいうのではありませんでした。何に対してもおどおどとしており、学級内での作業が進まないのです。机の間を回っていると、「見られたくない」「気づかれたくない」といった風に身をかがめてノートを隠していました。授業中に居場所を失っている切なさを感じました。

こういう子どもたちに寄り添って分かったことは、勉強ができないのではなく、勉強の仕方が分からない子どもが結構いるということでした。作業の手順や方法を教える必要があるのです。親が干渉しすぎていたとか、放任していたとか、養育の偏りを想起させる「育ち遅れ」を感じさせる子どもたちでした。

小学二年生の裕（仮名）や芽衣（仮名）は教室でもボーっとしていることが多い子どもでした。テストをすればほとんど白紙状態。「注意力が散漫」と評価するしかないほどで、そのままでは、いわゆる落ちこぼれになってしまいそうでした。

身体は小さいほうでしたが、心身に発達障害などの問題は見られません。積極的ではないものの友達と会話をすることもできますし、一緒に歌うことなどはできていました。生活科の活動では、友達の真似をして何とか追いついていました。算数や国語では、四月から個別指導を試みましたが、何から何まで寄り添って指示しないと作業が進みません。一、二分では十分なサポートができないと判断しました。

そこで思い切ってアプローチの機会をテストのときにつくることにしました。テストは、ほかの子どもが一人で問題に取り組むため、付きっ切りのサポートが可能だと考えたからです。一回のテストを練習用とし、回答の仕方を教えていくことにしたのです。テストに向き合わないままでは正しい評価もできないため、この方法をとることにしたのです。

国語のテストをしているときです。机の間を回って様子を見ると、二人ともやはり手つかず状態でした。鉛筆の書き跡がまったくありません。私が近づいても姿勢は変わらず目はボーっとしたままです。

私は裕の背中越しに寄り添って肩を抱くようにしました。

「一緒に問題を読んでみようか」。そう誘って右手の人差し指で読解用の文章を指し示しました。人差し指を文に添えながら小声で問題文を読み始め、裕にも一緒に小声を出すように促して声をそろえました。次に問題文を一題読み終えると、

「答えは文章中に書いてあることから見つけて、ここに書いてみよう」と言って書き終えるのを待ちました。裕は戸惑いながら答えをなかなか書きません。問題文をもう一度読むように促しました。

「問題にある言葉と同じ言葉があるところを見つけると答えが見つかりやすいよ」ともう一度助言しました。すると、裕は答えを何とか見つけて書くことができたのです。

「そうそうできているよ。その調子」と励まして、また次の問題文を人差し指で指しました。このような方法で二題三題と読解問題に当たっていくと、裕はほとんど間違わずに答えの言葉を選んで抜き出すことができました。裕が分からなかったのは文章というよりも、テスト用紙への取り組み方だったのです。

裕へのサポートに明るい兆しを感じた私は、同じテスト中に芽衣のサポートにも回ってみました。同じようにサポートすると答えを抜き出すことができました。結果として裕も芽衣も、このテストで五〇点を超えることができ、次からの二、三回は五〇点から六〇点台の点数を取れるようになりました。それまで一〇点から三〇点だったこともあって、点数がぐんと上がった答案用紙を受け取ったときはかなり嬉しそうでした。

子どもは実に素直です。たった一回のテスト結果からでも自信を回復していることが分かりました。そして授業中のさまざまな態度にも影響するようになったのです。顔を上げて話を聞く態度や、ノートに記入しようとする姿勢が表れました。テストの点数が上がると、「がんばればできる」という期待感から集中力が高まり、思考力や吸収力に好影響をもたらすようでした。

そうなると他の教科でも少しずつ学習への取り組み方がよくなりました。授業に集中力が出てきたのです。

裕は国語でも算数でも八〇点以上を取れるようになりました。すると、もともと好きであった絵画にものびのびとした表現力が表れ、ますます自信をつけることができました。

裕は第一子であり、集団のルールなどに関してもあまりに知らないままに二年生になりました。ですから遊びのルールや友達とのかかわり方でも、ひとつひとつ説明しては寄り添ってやってみせ、やらせてみて、じっと待つサポートが成果を出しました。

芽衣はおじいちゃん、おばあちゃんとも同居している大家族の末っ子でした。上二人の子どもは意欲的で学力優秀な子どもとの評判がありました。お母さんとの面談では、学力不足を心配している様子がないので不思議に思いましたが、少しほっとしたことも記憶しています。可愛くてたまらないという様子が伝わってきたからです。イライラせずに愛情をたっぷりかけられているなら素直に伸びる可能性が大きいのではないかと思ったのです。

ところが芽衣は、まったく何から何まで自立学習ができないでいました。テストの問題を解くことに寄り添い、個別支援を試した私は、結果から目から鱗の学びがありました。ただやり方を理解していなかったということが分かったのです。こういう子どもたちを放っておくと落ちこぼれになるのかもしれないと実感した経験でした。親が放任傾向だったのか手を出しすぎていたのか確かめたわけではないのですが、二人とも人とのコミュニケーション体験が不足していることは確かなようでした。

このような低学年の子どもたちは、遊びでも学習でも食わず嫌いのように行動しないことがあります。しかし、私たち大人が寄り添って体験の場を用意すると、面白さや、できた、分かったという楽しさをつかんでくれる子どもが多かったのです。教員たちがよく口にする「育ち遅れ」とは、人や物とのかかわり不足からくる経験不足・体験不足の結果であって、能力不足ではないことが分かりました。方法が分からずに能力が発揮されていないケースがよくあります。

まずはやり方を示し、やらせてみてサポートする。それをしばらく続ければだれでも伸びることをお伝えしたいと思います。人は誰でも自ら伸びたいと思っていることもよく分かる経験でした。方法や手順を見せたり教えたりするサポートが有効な子どもたちでした。

学習意欲が見られない子どものサポート

学力が低い上、まったく学習しようとしなかった子どもたちは「学習の仕方が分からない、何をどうすればよいか分かっていない」ということがありました。まずは寄り添ってマンツーマンで一つひとつ教え、焦らず、苛立たず、あきらめずにサポートすることが大切です。

1 やさしい問題の解き方、読み取り方、答え方、書き方を説明して教える。
2 今度は一人で同じ問題を解いてみるよう促す。
3 次に似たようなやさしい問題を一人で解くことに付き合う。
4 できたら一緒に喜び合う。
5 類題に挑戦させる。
6 できたら一緒に喜び合う。
7 1～6を繰り返しながら問題の難易度を上げることで、次第に自立学習ができるようになる。

◉間違いや失敗を恐れない心の育て方

「三〇〇〇本の安打を打つ前に、六〇〇〇〇本の失敗があったことを伝えたい。失敗の後どうすればよかったかを学ぶことが大切」

少年野球の選手たちへ贈ったイチローのメッセージに胸が熱くなりました。授業参観で手を挙げて間違った発言をした子どもに、どんな言葉をかけたら伸びるかを示してくれるようなメッセージです。ところが現実には、

「間違えたからお母さんに怒られちゃった」

「手を挙げたから目立ってお母さんは恥ずかしかったと言われた」

こんなことを言う子どもたちが結構いるものです。もちろん、間違えても積極性をほめてくださるお母さんもいるのですが、多いわけではありません。失敗を恐れずに学習に積極的な子どもは、どんどん伸びる傾向があります。反対に、間違いや失敗を恐れていることからいま一つ伸びないという状態に陥る子どもがいるというのも事実です。

ある三十代の男性から相談を受けたときのことです。頑張っているのにいま一つ業績が上がらないという悩みを抱えていました。その要因については、積極的に動けていないこ

とをご自身で自覚していました。考えていることをどんどんやっていけば成果が出ると思いつつ、積極的に動き出せない葛藤状態にありました。いろいろ話し合っていくうちに、「動かなければ失敗しない」という考えが根底にあることが分かりました。この男性は、小学校一、二年生まではとても好奇心がある子どもだったのだそうです。その頃のように気楽に試したり動いたりすれば業績が上がるかもしれないと思いつつ、ある声がいつも頭をよぎるといいます。

「そんなことをすると失敗するわよ。やめなさい」と、母親に言われ続けていた記憶が蘇るというのです。男性は、多動気味な自分を注意してくれた母親の言葉が、今はもう必要でないことに気付き、自分を縛っていたものから開放されました。

このように親から言われた言葉に縛られていることはよくあります。どうも私たちには、幼い日々の記憶によって行動パターンを習慣化している面があります。あるときは知恵となり信念となって強くたくましく生きる力にもなるのですが、自分を縛って成長を止めてしまう要因にもなるようです。

小学校三年生の誠（仮名）はとてもまじめな生徒でした。家庭訪問で外を歩いているときのことです。友だちと楽しそうにしている誠から声をかけられました。汗まみれで、顔には泥がついていましたが、そんなことは気にせずに大声で私を呼んでくれたのです。子どもたちが嬉々として遊んでいる姿を目にすると、私はなぜかうきうきしてきます。誰にも気兼ねなく遊んでいる子どもたちは実に眩しいものです。束縛が少なかった昔の自分と重なるからかもしれません。このときは、誠の学習態度に気をもむようになるなんて考えてもいませんでした。

誠はいつも実にまじめな学習態度でした。テストは七〇点位が多く、格段に悪いわけでもないので、初めは心配もしていませんでした。

私のクラスでは、「失敗は成功のもと」を掲げ、答えの正誤よりも発言することを評価するように心がけていました。また、グループ内という少人数の中で考えを言い合う活動を多く取り入れていたので、気軽に思いや考えを伝え合うことができていました。

ところが、誠は計算や漢字書き取りといった問題にしか答えようとしません。考えを自分なりにまとめて述べる問題には手を挙げようとしませんでした。態度はまじめなのですが、いま一つ挑戦する自信のなさが目立ちました。特に主人公の心情を想像して答えるような問題では、指名されても答えないで黙り込んでしまうのです。決まった答えを覚えるだけの学習態度です。試しになんでも答えようとは考えない子どもでした。ヒントを与えても、顔がだんだんと紅潮してパニックになっていることが分かるのです。

友達とトラブルを起こすわけでもなく、学習態度もまじめな誠の学力が伸びないことは残念でなりませんでした。

誠は正しい結果だけを追って失敗を恐れていたようでした。このときはまだ家庭での様子は知りませんでしたが、極端に失敗を恐れていたようでした。ほかの子どもは意欲的に学習を楽しんでいても、誠はどこかハラハラと緊張している顔をしていたのです。自分から進んで行動を起こすことはなく、他の子どもに追従する様子が見えました。最初から正しい結果を求めて学習するのですから、テストの点もよくなるかというとそうではないのです。主体的に学習しないので、深まりがないのです。いつも七〇点位は取るのですが、それ以上成績が伸びないというあせりがさらに彼の緊張感と恐れを誘うのでした。

コーチングを取り入れる前には、誠のような子どもをしっかり伸ばしてあげることができませんでした。前出の三十代の男性同様、誠は失敗を恐れる自分にしばられて何事も積極的になれなかったのだと思います。指示を待つか、誰かに追従するのみでした。

誠は地域の野球チームに所属していました。体育でキックベースボールをしたときです。四チームのリーグ戦を楽しむことになり、リーダーの一人に推薦されました。このときも、守備位置などは積極的に指示できませんでしたが、男子の友達の力も借りて女子を守備位

置につかせることができました。彼はピッチャーとして黙ってもくもくと投げ続けました。

結果、活気があるリーダーの下、積極的に戦略を練って練習したほかの二チームには負けました。しかし、あるチームには勝ったのです。いつも学習に意欲的で優秀さが際立っていた女子がリーダーであったチームです。この最下位だったチームのリーダーは、試合に負けても堂々としていました。

この経験から、彼は少しずつ手を挙げる機会が増えていきました。リーダーだった女子が負けてもそれを受け入れている様子から何かを感じ、学んだのだと思います。友達同士で切磋琢磨する中で、失敗することや負けることを受け入れるようになったのだと思います。チームメンバーと一緒に負けたこと、最下位のリーダーの様子がよい意味でのモデルになったこと。そんな経験が失敗を恐れて萎縮する彼に勇気を与えたと思っています。

彼は積極的な学習態度に変わっていき、初めて一〇〇点を取れるようになりました。子どもが四五分の授業時間ずっと集中するのは難しいものです。おとなしく聞いているようでも、学習内容が耳に入っていないこともあるし、意識が離れていることもあるでしょう。失敗を恐れずに、積極的に学習にかかわる姿勢こそが学力を伸ばすことはいうまでもありません。まじめなのにいま一つ伸びない子どもには何が必要でしょうか？　間違いは次の学びであること、失敗は成功への道筋であることを実感してもらうのがよいと思います。


今は誰もが認める松坂大輔投手も、デビュー前のオープン戦ではたくさん打たれて負けました。東尾監督が開幕戦にデビューさせたいと願っていましたが、それはかないませんでした。高卒ルーキーの力を不安視する声が聞こえるようになりました。

ところが当の松坂投手はまったく不安ではなかったそうです。オープン戦では自分からいろいろ試している気分だったといいます。試合に勝つことより、自分の一番よい状態を探るための投球を試していたようです。理想の状態を見つけるために、失敗や負けることを恐れずに投げ方を試したということでしょう。その結果、デビュー戦から大打者を三振に取るなどの大活躍があったのです。

子どもの行動や成績の結果だけで評価していると、子どもたちは指示がないと動かなかったり、失敗を恐れて自発性がなくなってしまったりします。自分で試して結果を検証し、修正してまた再挑戦する。そのような習慣こそが可能性を広げる自立学習を促します。ですから、大人は子どもに対し、転ばぬ先の杖をつかないほうがよいと思います。親は、子どもの心身に危険が及ぶことや道徳に反すること以外、子どもの自由に任せたいものです。

授業参観などで子どもが手を挙げたときは、大いに認めてほしいと思います。そういう積極的な態度は、答えが合っているかどうかよりも自分を育てる大きな力になります。間違ったときは、どうすればよかったか、何が足りなかったかを確かめて次のチャンスに生かせばいいのです。

自発的な学習態度が身についた子どもはぐんぐん伸びていきます。間違いや失敗を恐れないような心を育てることの大切さを、私も教師という経験を通して教えられました。

がんばっているのに成績が伸びない子どものサポート

何か一つでも解けた、自分で理解できたという喜びの経験が自信になって学習への意欲につながります。結果として成績も上がっていきます。

▼失敗しないことより失敗から学べることの価値を伝える。

▼失敗を恐れて取り組まなければ成長しない。失敗は成長へのプロセスであることを伝え続ける。（種まきする）

▼簡単な問題に取り組ませる。

▼結果だけでなく、学習に向かっているプロセスをどんどん認めてほめる。

第2章

子どもの心を育てるコーチング

◉「認められる」と子どもは変わる

ばい菌と呼ばれたり、くさいと言われて仲間はずれにされている女の子がいました。教員になりたてのとき、家庭科専科の教師として六年生のクラスを担当したときのことです。

本人はそのことを教師に訴えることもなく静かにしているので、ほかの子どもたちが避けているのか、本人が心を閉ざしているのか、はじめはよく分からなかったのです。

桜（仮名）の服装はモノトーンばかりの地味な色でした。桜は家庭科の授業でも同じ班の誰かと話している様子は見受けられませんでした。ほかの子どもたちはノートを見せ合って、聞き逃したところを埋め合わせたり相談したりするのですが、彼女はいつもひとりぼっちでした。私は作業の間に机の間を回って個別指導をしながら、桜には意識的に声をかけ続けました。

「どこまでできた？　そうそう、その調子よ」といった具合です。とにかく毎回桜には話しかけ続けたのです。

それでも彼女はクラスメイトと打ち解けていく様子を見せません。周りに遠慮している姿ばかりが目に飛び込んできます。つまり、自分から身を引いて友達から遠ざかるのです。

唯一の救いは私が近づいても遠ざからなくなったことです。私の声かけに表情で答え、かすかな声で返事をするようになりました。

当時はいじめが社会で問題視されはじめてきた頃でした。自分を周りから遠ざけるような桜の身の引き方が気になり、私はつとめて桜に近づきました。

ある授業でのことです。採光や風通しを考慮して家の間取りをデザインする課題を出しました。すると、のんびりと気楽に取り組む子どもたちが多かった中で、桜は一番にワークシートを完成させ、提出してきました。

調理の計画表やまとめなどでは、遠慮がちに遅れて出していた桜が、一番初めに提出してきたのです。内容がどうであれ、堂々と完成した図面を提出したのです。私の目は丸く大きくなっていたと思います。あまりのうれしさに、「もうできあがったの？」と聞いていました。

彼女は笑顔でうれしそうに頷きました。

私が図面に目を落として二、三の質問をすると、しっかり答えるではありませんか。六年生まで友達らしい友達もおらず、片隅で遠慮深く座っていた子が、真っ先に提出したのです。

私の問いかけに答える姿も背中が伸びているように見えました。よくよく顔を見ると少し頬にピンクが差していました。
このときから、少なくとも家庭科では彼女が積極的に動いている様子が、はっきりしてきました。担任の先生とそのことを二人で大いに評価しよう、ということを約束したくらいです。
これは、私が初めて非常勤の立場で教壇に立ったときの出来事です。桜がいつから仲間はずれになっていたのかは知りませんでしたが、卒業を前にして意欲が表れたことに、担任の先生はとても喜んでいました。
最後の授業はサンドイッチ作りの調理でした。それまでのクラス内でのポジションに変化がなければ、サンドイッチ作りに桜が加わることはなかったでしょうし、クラスメイトは彼女が材料に触れることを嫌がったかもしれません。

担任の先生は熱い心を生徒にぶつける先生でしたから、精一杯認め続けたのでしょう。彼女の変化をクラスメイトも少しずつ受け入れていったようです。桜は最後のサンドイッチをクラスメイトと一緒に作って先生方へ配ることができました。

彼女はその後も明るさを増していきました。卒業までの二ヵ月半の中で取り戻した笑顔、学習へ見せた意欲は、私たち大人が子どもへ声をかけていく重要性を教えてくれました。

自分に声をかけてくれる人、話しかけてくれる人の存在で認められていることが分かり、存在証明を得ることができます。図面を一番に持ってきた桜は、自から初めて存在をアピールしたかったのかもしれません。遠慮している自分が心地よかったはずはなかったと思います。みんなと同じように授業に参加したかったのでしょう。思い切って自分から授業にかかわっていったら先生に認められ、ほめられたのです。クラスに帰ってからも担任の先生が友達の前で認めてくれたのです。

彼女はよほどうれしかったと思います。最後までおとなしい性格は変わりませんでしたが、顔色が断然違ってきましたし、廊下ですれ違うと桜の方から会釈するようになりました。きっと中学校ではより活発になれるだろうと予想できました。

私が最後に贈った言葉は、

「あなたがピンクとか明るい色の洋服を着た姿を見てみたい！」でした。

桜はははにかんだように「似合うかしら？」と答えました。

「似合うと思うから見てみたいのよ」

そんな会話で卒業を見送れたことが忘れられません。

心を閉ざしている子どもを元気づけるサポート

基本的に何か一つでも自慢できることや自信があると、子どもは堂々と生活できるようになります。自信さえあれば、多少傷つくことがあっても元気を取り戻すまでにそんなに時間はかからないと思います。また、「私はいつでもあなたの味方」という声かけは、子どもを勇気づけ、自信を取り戻すことにつながります。

▼子どもの存在そのものを喜び、大切にしていることを伝え続ける。「あなたは私の宝」「あなたが好き」などの声かけをすると一人ではないという感覚が育つ。
▼思いを受け止めて認めると、自己肯定感が育つ。
▼子どもの関心ごとに一緒に付き合う。一緒にショッピングをしたり、映画を観たりして感情交流することで、子どものコミュニケーション力がついていく。

◉気持ちを汲んであげると子どもの自己肯定感が高まる

小学二年生のクラスでのことです。穏やかな性格の弘美（仮名）をターゲットにした、いやがらせがありました。ノートに落書きがしてあったかと思うと、床に転がっていた画びょうが、弘美の上履きにささるという具合のいやがらせです。私は、これは見過ごしてはならない、ネガティブな感情を抱えている子どもによる行為だと直感的に思いました。そしてその直感は当たったのです。

まずは不注意で画びょうを散らかした子がいないかを聞いてみました。その結果、道具箱にあったケースの中に画びょうを半分位入れている子どもが、一人見つかりました。弘美と仲のよい奈々（仮名）です。奈々に量が減っていないかどうか、ふたが外れていなかったかどうかを尋ねると、きっぱり否定しました。その場は全員に注意を促して、持ち物調べをしました。

奈々は弘美の一番の友達です。家にも遊びに行っている仲良しとして知られていました。ですから、やはり話を聞いてみる必要を感じたのです。放課後、ほかの生徒たちが帰ったあと、奈々に聞いてみました。

「あなたしか画びょうをもっていなかったので考えてほしいの。散らばってしまった原因で思いつくことがないかしら。お道具箱から出してさわったことなどなかったかしら」

最初はうつむいていた奈々でしたが、一分もしないうちにぽろっと一言が発せられました。

「だってさびしかったんだもの」

小さな声でつぶやいた後、奈々は泣き出しながら一気に語り出したのです。胸に押さえ込み、閉じ込めてきた感情が一気にあふれているようでした。

「だってさびしかったんだもの。わたしはお姉ちゃんたちに会いたくたって会えないのに、弘美ちゃんちにはお姉ちゃんがいたからさびしくて……。悔しくなっちゃったんだもの」

わたしは、思わず胸に奈々を抱きしめていました。

奈々は一年生の途中で転入してきた子どもでした。家庭の事情でお姉さんと離ればなれになっていました。

弘美の家で遊んでいた奈々は、弘美の姉とも会うことがありました。そして、両親が離婚する前の自分の家族構成と弘美の家族構成が、似ていることに気づいてしまったのだぞ

うです。奈々にも以前は姉がいたのです。会えなくなったさびしさが弘美への嫉妬に変わっていったことが分かります。お姉さんとはこの二年間は会えていませんでした。奈々なりにさびしさを抑え、今の家庭で精一杯お手伝いをしながら頑張っているのに、報われていないという思いが一気に噴出たのでしょう。

普通に暮らしている弘美に対し、姉妹で離れたままでいる自分。それでも今の家でお手伝いなどして頑張っているのに、さらに注文されるばかりで報われないという思い。そんな嘆きがとうとうと語られました。その一方で、弘美に関する悪口は出てきませんでした。

黙って聞いていると、お姉さんに会えないさびしさや、たくさん手伝をしている様子が伝わってきました。お姑さんもいる再婚家庭で乳飲み子を抱えたお母さんが、奈々に手伝いを頼みやすかったのでしょう。奈々の居場所を確保してあげたくて、お手伝いをどんどんやらせたこともあるかもしれません。

家庭訪問でお会いしたお母さんの緊張した面影を思い出し、奈々同様、新しい生活の維持に必死になっているお母さんの気持ちも想像できました。しかし現実に二年生の奈々は友達がうらやましくなっているのです。お手伝いをしているのに「ありがとう」とか「助かる」と、認めてもらえず、さびしさをかみしめているようでした。

私は意見を控え、そうかと言って同情するようなことはせず、ただ気が済むまで言わせてあげました。すると、しばらく言い訳が続いた後、「ごめんなさい」という言葉と同時に嫌がらせのわけが、打ち明けられました。

聞いている私が口をはさまなかったのがよかったのかもしれません。いい表現も考えつかないまま、気持ちを汲みながら一緒に涙し、うなずいたり相槌を打ったりすることで精一杯でした。結果としては「さびしい」と言えば「さびしいのね」、「お手伝いをいっぱいしている」と言えば「お手伝いをいっぱいしていたんだ」という具合に、奈々の言葉を繰り返していました。

相手の話した事実や感情を、鏡になったような気分で繰り返す効果をこのときは知りませんでしたが、そうするのが精一杯だったのです。否定したくはなかったし、同情して誰かのせいにしたくはなかったのです。

今の家庭に大きな問題があるわけではないのです。それは奈々も無意識のうちにも分かっていたのではないかと感じました。お手伝いを頑張ることも嫌がってはいませんでした。ただ、いくらやってもお母さんからはほめられたり、労をねぎらってもらったりしている様子がないのです。ですから、頑張っても報われないというさびしさと、姉に会えないさびしさが重なったときに、感情を抑えられなくなったのでしょう。その場にいる弘美がうらやましいと思う心が妬みに変わり、そのはけ口として弘美への嫌がらせに走ってしまったようでした。

私には彼女の現状を変えてあげることはできません。でも、嘆きを聞くことはできます。それを黙って受け止めてあげることもできます。また、さびしい気持ちがありながらもお手伝いを頑張っていることを、認めてあげることもできます。奈々が反省してから、私は「お手伝いをいっぱいして頑張っていることは素晴らしいことだよ」と、私の気持ちを伝えました。また、「きっとお母さんも一番頼りにしているのではないかしら。心ではありがとう、助かっていると思っているにちがいないわ」ということも伝えました。

報われない感情が渦巻き始め、奈々は置かれた状況を小さな胸にしまっていることに、耐えられなくなったのです。その裏には誰かに分かってほしい、誰かに認めてほしいという欲求が高まっていたのだと思います。私に十分話した後、心が軽くなったのか、奈々の表情が和らぎました。子どもらしい表情になったところで私の胸から離れ、うなずきながら私からのメッセージを素直に聞いていました。

お母さんは奈々を大切にしているから引き取っていると思うのです。それは奈々も自覚しているのだと思います。それでもさびしい気持ちを汲んでもらいたかったのではないでしょうか。「お手伝いを頑張っているね」と認められたかったのだと思います。努力していることをねぎらってくれる人や、認めてくれる人が一人でもいれば、私たちは頑張れるのではないかと思います。どんなに思っていても、言葉や態度で伝えないと思いは伝わらないのです。

誰でもそうですが、自分が大切な存在であるという実感が必要なのです。このような感覚を自己肯定感といいますが、教育現場では自己肯定感のあるなしが、子どもの情緒の安定や意欲に大きく影響してきます。自分が必要とされていることや、役立っていることを実感できれば、自分を大切な存在として肯定できます。自分も大切な存在であることを実感できると、そこに居場所を見つけられるものなのです。また期待してくれる人や認めて

くれる人がいると、さらに期待に応えようと力が湧いてくるものなのです。

この事件の顛末については、お母さんには知らせませんでした。お母さんも必死に生活しているることは想像できましたので、母子を認めていく必要性を感じたのです。もし知らせれば、再婚家庭で余裕なく生活しているお母さんを追い詰めるような気もしたのです。この親子の支援者である、お母さんの実家のおばあさんのぬくもりで、奈々の心を温めてもらうことにしました。

おばあさんは娘と孫が幸せに暮らすことを願って何かと心配してくださっていたのです。孫を可愛がって、参観日など、教室にもよくいらっしゃっていました。

奈々が落ち着いて学習するようになると、几帳面さや優しさも現れていましたので、学習の上ですばらしい点やお手伝いに励む姿を絶賛しました。そして、おばあさんに、私はこんなことを伝え続けました。

「頑張りやの素敵なお孫さんですね。お母さんにとっても一生支えになる宝ものの娘さんでしょうね」

嫌がらせが発覚した日から奈々のいたずらはぴたっと止まり、変化が乏しかった表情に笑顔が見られる日が増えました。以前は大人びた表情に不安を感じていた私も、いつしか彼女を安心して見られるようになりました。

学年末には、器用で几帳面さが目立つお姉さん的な存在として、奈々はクラスメイトの信頼を集めていきました。一度しっかりとフォローしてあげたことで、よりよい方向へと伸びていったのです。


家庭の事情は様々です。子どもが事情に翻弄されることもあります。しかしどんな事情があっても、それを成長の糧にすることは誰にでも可能です。ときには子どもの思いに耳を傾けることが大事です。誰でも思いを受け止めて認めてほしいし、気持ちを汲んでほしいものなのです。苦労に向かっているときは、ねぎらいの言葉が力になるのです。どんなときも子どもが前向きに乗り越える力を得られるよう、思いをしっかり受け止め、認めてあげるメッセージを伝えてほしいと思います。

気持ちを汲んで労をねぎらう認め方

つらいと思う状況を受けとめ、頑張っていることを認めていくことは、子どもへのねぎらいになります。子どもは苦労を分かってもらうことで、再び勇気と力を取り戻します。

（承認のスキル）
か……感じたことを伝える。（頑張っていること、耐えていることを認める）
き……気づいたこと、聞こえたことを伝える。（子どもの思いを受け止める）
く……工夫を発見する。（本人なりに工夫して頑張っていることを認める）
け……経過を観察して見守る。（プロセスを認める）
こ……心と行動を認める。

共育コーチング研究会　山口一郎コーチ作　承認スキル「かきくけこ」より引用

◉子どもの行動の裏にある思いに心を寄せる

子どもの行動には何かしらの理由や目的があります。しかしそれを受け取れる大人が少ないと思えてなりません。相手の思いを受け止めることはコミュニケーションの基本中の基本です。相手の思いや考えを聞くことが相手を理解するポイントなのですが、人によっては相手のことを聞くということが、最も難しいことだといいます。私自身の自戒の念を込め、思いもよらぬ子どもの行動の裏にあった思いやりの気持ちや、優しい心を振り返ってみたいと思います。お世話になっている美容師さんから聞いたお話です。

「四、五歳の頃まで、私は絵が大好きだったのですけどね」と始まりました。五歳のある日、座卓の裏にクレヨンでいっぱい絵を描いたそうなのです。ご本人はとっても満足したのですが、お母さんからひどく叱られてしまったといいます。

「今思えばアートのつもりで描きまくっていたのに、何で叱られているのかずっとわからないわけです。私はプレゼントのつもりだったと思うのですよね。プレゼントなのに何で叱られるのか、ぜんぜん理解できませんでした。それをきっかけに絵を描かなくなってしまいました」

美容師さんは、明るい声で笑いましたが、やや悔しさも感じさせる語り口でした。私はこの話を聞いていて、すごく反省させられました。教師としてどれだけ子どもの思いを汲み取れてきたのだろうか。あるいは、表現力の未熟な子どもたちの思いを踏みにじったことはなかっただろうか。彼らの親切心や愛情表現をどれだけスポイルしてきたのだろうか。そんな思いに駆られたのです。

特に幼い子どもは、大人から見るととんでもない行動に出ることがあります。あるとき、職員玄関の下駄箱の前に寝転がっている子どもがいました。その子はなぜそんな行動に出たのでしょうか。

彼に「早く立ちなさい」と促しても、まったく動こうとはしません。そこで理由を尋ねたところ、「担任の先生を待っている」と言うのです。何か先生に話したいことがあったのでしょうか。職員玄関へ担任がやってくるのをずっと待っていたのです。彼の思いを聞いた上で、待つ姿勢について考えさせたところ、彼は納得したように態度を改め、立ち上がって教室へと向かいました。

ふざけて寝転がっているのか、あるいは何らかの理由や目的があって寝転がっているのか、確かめてからの方が的確に指導はできるものです。そんなコミュニケーションの基礎的なスタンスで彼に近づいたからこそ、彼は「先生を待っている」という彼なりの優しさが詰まった思いを語ってくれたのだと思います。

ところが大人は寝転がっている行為そのものを注意するか、早く起き上がるように指示、命令する指導に偏りがちです。子どもたちの稚拙な行為を注意するばかりで、その心の内の愛情表現や優しさの芽を踏みにじってきてはいなかっただろうか。職員玄関に寝転がっていた子どもの姿を美容師さんの話に重ねて、私は自分の過去を思い出そうとしたのですが、あまりはっきりとはしませんでした。

美容師さんのように、心を受けとめてもらえなかった出来事は、その当人の可能性を閉ざした事実として、その当人にしか残っていないものです。まずは、子どもの思いを受けとめてあげる。何がよくて何が悪いか、という判断軸を育てるのはそれからの話です。

幼くてひ弱に見えた勉（仮名）は、管理され過ぎる生活にストレスを抱えていました。小学校二年生の勉は、顔色が悪く、元気もなく、お母さんは、お友達と放課後に遊ばせようとしていました。私は彼をできるだけリラックスさせようと意識的に接していましたが、勉は何に対しても「〜しなければならない」と意識するのか、硬く構える子どもでした。

あるとき給食当番の手が不足しているのを見つけた勉が、バケツの水汲みを自分から手伝い始めました。クラスでも一番小さな体でバケツを配膳台の前に運んできたときです。教壇に乗せようとした瞬間に、つまづいてバケツをひっくり返してしまいました。一瞬大声があがって勉や他の子どもたちの体が硬直しました。このとき、私は「こんなときはどうすればいいの？」と問いかけました。すると、子どもたちはいっせいに動き出し、雑巾をとってみんなで拭き始めたのです。子どもたちの思いやりが行動に出た光景です。給食当番もほっとしたようにまた準備を再開しました。

すべてが片付き、給食の準備が進みだしてから勉に話を聞いてみました。勉は当番と日直が重なっている友達を見つけたので、日直の役割である水汲みを手伝ってあげれば準備がスムーズになるのではないかと考えたそうです。日直でもある当番に頼まれたわけではないのですが、日直さんだけでなく、クラス全体のことも考えた思いやりからの自発的な行為でした。

このときは話をよく聞くことができたので、勉の思いやりを認めることができました。失敗しないために心がけることも考えてもらえました。勉もクラス全体も思いやりの心を認められたので彼の失敗は､「勝手な手出しをした」と責められることもありませんでした。失敗を恐れないクラス作りに好影響を与えた出来事だったと思います。

勉の積極性がどんどん開花していったきっかけでもありました。このようなうれしい出

来事は自分でもよく覚えているものです。子どもたちの心情に寄り添い、思いを汲み取ってからの支援や指導が、子どもたちの成長を促すことを示していた例だと思います。

私たち親や教師はよかれと思って、子どもを指導する立場にあります。ところが子どもの伸びる芽を摘んでいたかもしれないと思うと、今さらながらよく聞くことの大切さを痛感します。

人の思いはなかなか伝わるものではないようです。言葉を駆使しても、表現力や語彙が足らずに誤解されずに伝えることが難しい場合もあります。聞き方によっては勝手な解釈をされてしまう危険さえあります。まして行動規範が十分育っていない子どもたちの行為・行動の裏にある気持ちは、よく聞いてみないと分からないことが多くあります。

小学生にもなると、子どもの行為や行動には目的や理由があるものです。これは思春期の子どもたちではなおさらです。たとえ稚拙な行為であっても、あるいは素直に受け取りづらい行為であっても、その裏にあるかもしれない思いやりの心を裏切らない大人でいたいものです。行為の裏の理由や目的を聞きとれる大人でありたいと思います。

子どもがどうしてそれをやりたいのか、どうしてそれをやったのか、いつでもその思いを聞きとって、彼らの可能性を広げてあげられる大人でいたいと思います。教えたり諭したりして導くのは、それからの方が効果的ではないでしょうか。

聞くスキル

▼行動の結果よりも、動機を確かめることが大切。
▼先入観をもたずに、思いの本質を捉えて聞く。
▼指導は思いを受けとめてからにする。
▼つまづきや失敗を活かして「次はどうするか」を考えさせる。

◉心身がアンバランスな思春期のサポート

私の中学時代の同級生に、ピアノのない家で作曲をし、音楽の時間に先生に弾いてもらう天才がいました。私たち同級生は授業の最後に聞く彼の曲に釘付けでした。

中学校三年生のときはクラスが分かれましたので細かい経緯は分かりません。音楽の道に進みたかった彼は、ご両親に反対されて普通科の公立高校に進学しました。音楽の道に進みたいという彼の話をよく聞いていたので残念に思いましたが、彼の家は特別裕福ではなかったので、ご両親の心配も理解できます。私は複雑な思いでいつか彼が巻き返しするのを期待していました。

しかし高校に進学して数ヵ月後、突然彼の訃報が届きました。信じられない思いでお焼香に向かいました。彼の遺影は何処かさびしそうな笑顔でした。

高校に進学してからはあまり楽しそうではなかったのだそうです。毎日まじめに通ってはいましたが、中学校のときのように作曲を続けていたかどうか分からないようでした。ちょっと風邪をひいたと思っていたらインフルエンザだったようで、あっという間にこじらせ、逝ってしまったのだそうです。

「こんなことになるんだったら、好きなことをさせてあげればよかった」

嚙み締めるように繰り返してご両親がつぶやきました。自分の曲を先生に弾いてもらっているときの輝いていた彼の表情が、悲しみの表情に変わって残りました。あきらめないでいれば、いつの日か自分で切り開けるかもしれないとエールを贈っていた私には、彼の消沈していた思いがいたたまれませんでした。このことは今でも思い出されます。

一方、私の中学時代は思春期特有の貧血にずっと悩まされ続けました。テニス部で活躍して野球で言えば夏の甲子園みたいな大会に出ることが夢でした。そのために試合に勝てる力をつける目標はあったものの、登校しても保健室で休む日が多かったのです。

運動をしてもすぐに息があがり、身体が重くて動きは緩慢なのですが、テニスを練習したい気持ちは人一倍強く、練習を休まざるを得ないことを嘆く日々が続きました。もちろん、病院にも行きましたが、貧血状態であることは分かっても、抜本的な治療はできませんでした。体の成長に内分泌などの働きが追いついていかないような説明を聞いたことは覚えています。どんどん進んでいく貧血に抗うことができず、症状に対する感覚は麻痺していきました。

親類や友人は今でもこの頃の印象が強いようです。いつも体調を気遣ってくれますが、自分自身ではどうもぴんとこないのです。後に有名な医師に診断を受けるまで、夢の実現に向かって課題をこなすことばかりに意識が向いていたのでした。そこには、「まだまだ根性が足りない」と自分を叱る言葉だけが内心で繰り返されました。

今思い返して最もありがたかった両親の態度は、私の夢の邪魔をしなかったことです。ほうれん草やレバーなど貧血予防の食事でサポートはしてくれましたが、テニスを強制的にやめさせることはしませんでした。家ではまったく勉強もしないのですが、教室にいるときは集中力があったので、成績が極端に落ちなかったこともあると思いますが、テニスをやめさせたら精神的によくないと考えていたようです。

両親は、自分たちと同じ故郷から都会に出てきた若い人の面倒をよく見ていました。仕事や学業で精神的に追い詰められた若者への接し方を心得ていたのでしょう。私の気持ちの張りを大切にしてくれていたのです。

世の中には、勉強さえしていれば子どもの好きなことなんて犠牲にしてよい、と思っている大人もいるようです。

教師になってみると、好きなスポーツやダンス、ブラスバンドの活動で夢を持って巣立った子どもが、好きなことと勉強の折り合いをうまくつけている報告をよく聞くようになりました。もちろん医者や学者を目指して勉強が第一という子どももいますが、小中学生から勉強だけを強いられてきた子どもが、息切れしてしまうケースをよく目にしてきました。

さて、私は自分で選んだ高校に進学し、インターハイ目指して高校二年生から東京代表として大きな大会にも出るようになりました。でも貧血は悪くなる一方でした。ただ、幸か不幸か貧血状態に体が慣れてしまい、本来なら即入院が必要な数値でも高校に通うことができていました。体の不調を感じながらも、それに勝る期待感が私の活力になっていたのかもしれません。

脳科学や心理学が進んでくると、体と精神（脳のはたらき）は切っても切れない関係であることが分かってきました。体はいつもバランスを保とうとする働き（ホメオスタシス）がありますが、本能的に好きなことをやっている状態の方が、身体のバランスも取れやすく元気にさせてくれるようです。

私は思春期のアンバランスな成長期に貧血になっていましたが、テニスに夢中になれたことで、体と気持ちが何とか持ちこたえました。しょっちゅう倒れてもテニス部をやめようと思ったことは一度もありませんでした。確かに健康で万全な体力があった方が理想的なのでしょうが、少しずつ成長している手応えを感じられたことが自信にもなりましたし、前向きな意欲は保てました。

前述した彼が亡くなったのは、高校一年生のときのことでした。私自身は貧血で年中倒れそうでいながらもトレーニングが楽しく、大会に出始めてやる気が爆発していたときです。健康とはいえないいながらも夢に向かっている私と、夢をあきらめざるをえなかった彼が対比されました。

私にはこのときからあるミッションが宿りました。思い込みかも知れませんが、彼がいつも私に声をかけるのです。

「悔しい。僕は夢に向かって音楽の道に進みたかった。ねえ、子どもたちの夢を大切にするよう広めてよ」

子どもの好きなことや夢を大切にする方が、心身のアンバランスな思春期をうまく乗りこえられるとつくづく思います。幼い日の夢になかった教師になろうと決めたのも、コーチングを始めたのも、このときの影響があります。

思春期は体力が非常についてくる時期でもありますが、自律神経系ではアンバランスなのだそうです。しかもホルモンの分泌と心の持ち方は密接に関係するようです。それでなくても自我の確立に迷い、苛立ちや不安を抱えやすい思春期です。だからこそ尚更子どもの存在や思考を尊重して受け止めるサポートが必要であり、子ども自身の夢や好きなことへのモチベーションを大切にしてあげてほしいと思います。その方が自立へのサポートにつながると思うからです。自己責任で生きる力を養うことにもつながります。

思春期の子どもとの向き合い方

子どもの視点を受け止めて一個の人格として認め、何かに努力する姿勢を応援することが大切だと思います。親と子どもの人格は違うことを親子が覚悟する時期でもあります。

▼子どもが話してきたら、理解して受けとめようと注意深く聞く。
（アクティブリスニング）

▼認めていること、強みと思えることを伝え続ける。

▼子どもの興味・関心や好みを尊重する。

◉「聞き上手」「認め上手」は子どもの自尊心を高める

子どもが思春期に入ってくると、親はそれまでは自然に入っていた子どもの情報がつかみにくくなってきます。話をしてくれない。帰りが遅くて心配なのに様子がつかめない。子どもが話してくれないから何を考えているのか分からず、一層気がかりになってきます。

今の私なら、毎日の部活や塾通いというスケジュールをこなす中高生の子どもたちには、「大変だね、がんばっているね」と声をかけるだけでもよいと思えますが、母親は自分のテリトリーから出ていく子どもの様子がまだまだ心配なのです。程度の差はあっても、子どもの生活の様子をつかんでいたいと思う親心は、共通しているのではないでしょうか。

しかし思春期になった子どもの立場で考えてみれば、一人でいるところは干渉されたくないし、自分のテリトリーは侵されたくないと思うのが自然なのだと思います。

たとえば子どもの部屋が片付いていないとすると、親は手を出したいし文句を言いたくなってしまいます。目に入る以上黙っていられず、つい、

「いつになったら片付くのよ。だらしないわね」と文句を言ってしまうものですから、子どもにとってはやぶから棒です。

「うるせえ、いきなりなんだよ。自分が困ってないんだからいいじゃないか」と語気を荒げてきます。口を開けば言い争いになるなんてことはざらで、特に男の子と母親の関係でよく聞く話です。

自分より身体が大きくなってきた息子に反発されて、内心びくびくした経験のあるお母さんは多いのではないでしょうか。どんなことが最初のきっかけになるか分かりませんが、何かを注意しようとすると口げんかになるという話は多いようです。

思春期の子どもたちは、周囲の中での自分の位置づけや、しっかりした自尊心がほしくなります。親から与えられてきた価値観が揺らぎ、いったんは白紙に戻して自分の価値観を確立したくなり、自分で納得できる身分証明書をつくりたいのです。そのために自我を模索しているのです。等身大の自分に自信が持てず、周囲と同じような言葉をつかい、同じファッションに身を包んで不安を解消しようとします。一人目立つよりも、みんなと同じである安心さを求めます。仲間を増やしたくて誘ってくる非行グループに居場所を見つけてしまうような危険もあります。ですから、目を合わせれば小言や注文ばかり突きつけられる親に、反発したくなるのかもしれません。

中学生時代の悩みとして、大学生七〇〇人からアンケートをとった家族カウンセラーの宮本牧子さんの調査結果では、

「先輩や友人とのトラブル　八〇%、身体や容貌のコンプレックス　五〇%、恋やセックスへの憧れ　三〇%、親との葛藤　二%」でした。親子間の悩みはわずかなものなのです。やはり一番気になるのは友達との関係や友達にどう見られているかであることが考えられます。親や教師の言葉よりも、仲間や雑誌からの情報をもとにして自我を模索しているという結果が伺えます。

このように、親の価値観から離れて自分を確立しようとしているのですから、親としては命にかかわりそうなことや犯罪に手を染めそうなこと以外は、そっと見守ってあげる方

が、はるかに子どもの応援になると思います。

中学生のA君は、お母さんの考えに沿っていることが安全だと思いながら、何かしらイライラがつのる自分をもてあましていました。あまり運動は好きではなかったのですが、「今のうちに体力をつけたほうがいい」と言われれば、確かにそうだと思って剣道部に入り、「初段を取るまでやめるな」と言われれば、やめたい気持ちと続けるべきだという意向との間で葛藤し続けているのでした。しかし彼自身、親の期待に沿ってきた経験が、自由な思考の障害になっているのを感じ始めていました。ある意味理性的な子どもだったのです。

中学校では勉強と部活に頑張っていれば安心と思っている親。それに対して友達付き合いを優先したいと思っている子どもの心。そんなすれ違いがどんどん広がり、イライラをつのらせながらも、母親がよかれと勧めることをこなしていきました。

すると、中二の後半から学校を休みたがるような意欲の低下が激しくなりました。母親が学校に相談するなど一生懸命サポートしようとするのですが、学校側でも大きな原因は見当たりません。意欲の低下とともに成績がどんどん下がっていきました。

成績が下がるというのは、お母さん方には一番響くようです。さすがにA君のお母さんも叱咤激励や指示命令だけではすまされないものを感じ、誰か聞き役が必要なことを察したようでした。私はこの段階からA君の話し相手になりました。でも、これもお母さんからの依頼でしたから、A君自身が本当に望んでいるかを確かめさせてもらってから話し合うことになりました。

彼は何しろ遊びをほとんど知りませんでした。共有できる話題を探すのに苦労したのを覚えています。十分魅力的な青年になれると思うのですが、自己肯定感が非常に低く、特にコミュニケーション力について自己否定する言動が目立ちました。

学力もコミュニケーション力も成長の過程であるから心配いらないのに、「今できていないこと」ばかりに劣等感を抱き、もがいていました。

私はA君とお母さんに向き合い、A君が自信を持つためのコーチングを試みました。クラス内で自分が嫌われていると思い込んでいることがなくなって登校しぶりが消えても、今度は部活内の友達関係を悲観して、必要以上に感情的になっては休もうとするようなところがありました。A君は事実を自己否定に結びつける傾向がありましたが、それに対しては、

「クラスメイトのそういう態度が、どうしてA君を嫌っていることになるわけ？」と私は聞き返し、それにA君が答える。そんな対話をよく繰り返しました。一つの気がかりが消

えても、思考パターンはすぐには変わりませんでした。それでも繰り返していくうちに、友達関係では悩みが少なくなっていきました。

セッションを始めて三ヵ月目に入ると、A君は自分の希望を親に伝えるようになりました。自分で決めたことを実行するため、親にサポートしてもらえるようになったのです。この経緯がすごく興味深かったのです。

私との話し合いでは、剣道部をやめることも選択肢に加えました。最初は「それはだめです。初段をとるまで続けないと」と言っていたA君でしたが、最終的には「やっぱりどうしてもやめたい」とご両親に相談したのだそうです。お父さんお母さんは「とにかく気持ちを十分聞くから」と対応したのだそうです。

このときのご両親の対応がすばらしかったと思います。もちろん私からは、話を聞いてくれる家族、受け止めてくれる家族を欲していることは伝えてありました。私は他人ですからご両親の愛情あふれる対応にはかなわないのです。

結果として、家族に聞いてもらえた事実、自分で考え、自分で決めて行動した事実が、いちばん彼の自尊心を高めました。これは思春期で最も大切なプロセスのように感じます。これを示してくれたA君の変容ぶりは、私にとっても興味深かった成果です。

結局自分の意志を尊重してもらえた彼は、部活をやめるという話を担当の先生にもっていきました。すると担当の先生は、A君の頑張りを認めていた話や先生から見た部活の仲間との関係などを語ってくれたのだそうです。自分の思い込みと違う見方にふれる話がいっぱい聞けたのだそうです。そこで彼が出した結論は、「やめるのはいつでもできるので、もう少し部活を続けることにして合宿の申し込みをしました」というものでした。事実は実に面白いものです。

思春期は自分探しなのですね。自分で選んで決めて行動できたことで彼は一皮向けました。親の意に沿っているだけの生活から脱して自分で進めるようになってきたのです。自分で決めたことならどんな結果になっても、納得ができるし修正しやすいのです。ご両親が判断を任せてくれたことで、彼は「自分はこうしたいんだ」と意識できるようになりました。両親と自分、先生と自分、友達と自分のコミュニケーションのとり方も一歩前進しました。自分の思い込みで悲観的に見ていた自分に気づき、少しずつではありますが積極的に思いを告げることができるようになりました。自分が思っていることを言わなければ、相手に伝わらないことも分かるようになったのです。

親からみると何を考えているか分からず、目に見えない不安からこまごまとしたことに文句を言われる存在の思春期の子どもたち。親は転ばぬ先の杖として愛情を小言にしてし

まったり、うるさく介入しがちです。

でも、子どもにとっては自分で自分のあり方をつかむ大事な時期なのです。親ができることは、そっと見守り、話してきたら寄り添って受け止めて、よく聞き、愛情をもって認め続けることだと思います。

思春期の子どもに対しては、聞き上手、認め上手で判断を少しずつ子どもにまかせていく必要があると思います。思春期は、判断を任せられることで自律的に大きく伸びる時期なのですから。

心身が不安定な思春期のサポート

子ども自身が判断を任せられることで認められ、信じられていることを実感すると、前向きな思考力が伸びます。これは自己肯定感を損なわないための重要な条件です。

▼子どもの思いを受け止める。（アクティブリスニングで理解する）
▼物事の判断を子ども自身に任せる。
▼子どもが望むことや子ども自身の考えを尊重して行動を任せる。
▼徐々に距離をもって介入し過ぎない。
▼子どもから話してきたときはアクティブリスニングと承認のスキル「かきくけこ」（59ページ）を参考に。
▼子どもから意見やアドバイスを求めてきたときは選択肢として情報を提供する。（選択権は子どもに）

第3章

学習意欲の伸ばし方

◉家庭環境と子どもの学力

勉強ができる子になってほしい。小中学生の子どもがいる家庭なら、子どもの学力は大きな関心事だと思います。私の経験を通し、家庭環境と子どもの学力が育つ条件を考えてみたいと思います。

お母さんが仕事に出て、留守がちになる家庭にもかかわらず、集中力がすばらしい男子がいました。小学四年生の潔（仮名）は、物事を素直に捉える性格の穏やかさと自主性を発揮しながら、へこたれない芯の強さをもっている子どもでした。看護師のお母さんが忙しいこともあって、家庭ではお手伝いをしながら妹さんとの留守番が多かったのですが、学校では誰もが認める学力優秀な子どもでした。

算数で大きな数の勉強をしているときです。一千万までしか習っていない状態で、新しく一億の単位に入るときでした。位《くらい》どり表を示しながら一千万が十個集まった数をなんと呼ぶのか、予想してもらいました。たいていの子どもは塾などで習っており一億という呼び方を知っているようです。

潔がいつものように「はい」とはっきりした声をだして手を挙げました。

「一万万だと思います」

一瞬、何を言っているのかつかめないように、ぽかんとする周りの子。

「だって、一万が一万分だから一万万だと思います」

潔は考え方もきっぱりと答えました。周りからは「えー？」という笑い声も漏れ聞こえます。私はいつも主体的に考える彼らしい間違いの面白さに感心しました。

「なるほど、確かに一万が千個分で一千万だったから、一万個分なら一万万と考えたのね。今まで勉強してきたことを元に考えている証拠だね」

知ったかぶりをして馬鹿にしたような態度をとりはじめていた子どもたちへのけん制球でもあり、失敗を恐れずに手を挙げるクラスになってほしいことへの期待もあって、思考のプロセスを認めました。間違ったことよりも既に習っていた知識から考えを進めた素直さを認めました。新しい学習に入った段階では、算数の評価基準にある「筋道だった考え方」をしていたわけです。

周りの子どもたちもまだまだ素直な四年生でしたので、失笑気味だった表情を引っ込め、一瞬にして彼の間違い方に興味を持ち始めました。親や塾の先生から教えこまれたことを何の疑問もなく覚えたほとんどの子どもは、ただ覚える姿勢と何か違う学び方を潔に感じたのでしょう。

潔がしっかり理解して知識を定着させていく過程を観察させてもらった経験です。勉強ができると一目置かれている潔の考える姿勢は周りにいい刺激を与えてくれました。

潔はこのような間違いをしても萎縮することなく、「何でだろう？」と主体的に考え続ける子どもでした。だからこそ、「そうか」「分かった」という喜びも伴って知識を獲得していけたのです。理解力も記憶力も抜群で、結局はすべての内容をしっかり頭の中で整理できる子どもでした。

どうしたら学習意欲が高くて知的好奇心が旺盛な子どもが育つのでしょうか。潔のお母さんは看護師で忙しく、子どもをサポートするには時間的制約があったと思います。また、潔には妹がいましたので、留守番中は妹の面倒を見なければなりませんでした。

それでも潔はクラスでは学力が抜群でした。主体的に学習に向かう姿が特に素晴らしかったのです。授業中の集中力や好奇心、思考力はみんなのお手本でした。忙しい親でも子どもは育つというよい例ではないでしょうか。また有名塾などに通わせるなどのお金をかけずとも、優秀な子どもが育つよい例でもあります。

私の小学校六年時の同級生に、六人兄弟の長男として弟妹のおしめの面倒まで見ながら学力優秀だった友達がいました。放課後は手伝いに追われて勉強する時間が取れなかった子です。弟や妹を恥ずかしげもなくおぶっていたのを目の当たりにして、同情した記憶もあります。彼の場合は朝五時に起きて学習に励んでいたそうです。やがて彼は医学部に進学してイギリスに留学もしました。彼もお手伝いをいっぱいできる子であり、性格は明るく穏やでした。私の同級生と潔の親のあり方にはどんな共通点があるのでしょうか。

少なくとも彼らは家庭で大切に思われていました。お母さんが忙しいため、お手伝いをしてもらう労働力としても認められていたと思います。同級生のお母さんは当時の担任だった恩師に、「いつも手伝ってくれて助かっている」とよく話していたそうです。忙しさを嘆いたりする前に、手伝っている同級生を認めていたのです。彼が頑張ってくれることにありがたさを感じ、それをそのまま伝えることができたのだと思います。

潔のお母さんもよく「素直に育ってくれてうれしい」とか「面倒を見られないのに勉強も頑張っているのでありがたい」と言っていました。私の同級生のお母さんと共通点が見えてきました。

「忙しくてなかなか付き合ってあげられずすまない」と考えている親御さんにはぜひ勇気を持ってもらいたいと思います。時間的にも金銭的にも理想的なサポートができないと焦る必要はないと思います。

「教育に熱心すぎる親より、普通にかかわっている親の方が優秀な子どもに育つ」という研究データを、『進化しすぎた脳』や『海馬』の著者で記憶システムに詳しい、東京大学の池谷裕二先生から教えてもらったことがあります。

ちょっとした言葉がけをしたり、ほめたりすることは学習への意欲を高めます。自分がかけられたらうれしいと思う言葉を、親がかけるだけで子どもの意欲は高まり、勉強中は口を出さない方が思考力や集中力が増します。何か特別勉強につまづいている場合は別として、忙しくて面倒を見られないことを「勉強につき合えないのではなく、子どもの思考を邪魔しないでいられるのだ」と考えてみてはいかがでしょうか。

「ありがとう」「あなたがいて助かるわ」「よく頑

張っているね」「あなたに任せるわ」と声をかけるだけで、お母さんも子どももハッピーになれるものです。

忙しい中で子どもを伸ばすサポート

▼手伝いや留守番に対するねぎらいの言葉で愛情を伝える。
（時間がなくても声をかけることはできる。人は大切にされていると前向きになれる）

▼一人で宿題に取り組んでいることを認めてあげる。
（認められれば、さらに期待に応えようとする励みになる）

▼子ども自身が勉強する時間を決められるように任せる。
（任せられると工夫して頑張ることができ、自分で工夫すればやりきったときに、満足感や達成感が生まれる）

▼学習途中での間違いを責めない。
（間違いを恐れずに試行錯誤を繰り返すと、自ら考え解決する力がつく）

◉劣等感から抜け出した子どもの例

小学三年生の由美（仮名）は、劣等感が表情に出ている子どもでした。極端な低学力というより学習障害と思える状態にありました。いつも劣等感からおどおどとした様子が目立ちました。日直のスピーチなどでは一切口を開くことができずに、時々上目遣いで見回しながら立っているだけでした。学習では間違いを含んだ平仮名を書くのがやっとで、短文や漢字も書けず、計算力も見られませんでした。初めて習うことは、「やだ、やだ」を連発して心を閉ざしていました。

五月の家庭訪問の際には、

「自信をつけてあげたいのですが、お母さんはどうしてほしいですか」と私からお尋ねしました。お母さんは、

「ほめることがいいと知ってはいるのですが、あの子を見ていると、どうしてもかっとしてガミガミ言ってしまうのです」と話していました。

学力がついていないことに悩んでいるお母さんと二人でやれることを探っていったとこ

ろ、まずは家庭と学校でほめる場面を作ってみようということになりました。由美が気楽に取り組めそうな一行日記を書いてもらうことになりました。由美が一行でも日記を書き終えると、まずはそれを認めようということから始めました。お母さんはノルマをはたしたことを言葉や態度で認め、私は花マルをあげるという流れでした。

ワラをもつかむ思いだったのか、お母さんは直ぐに手帳サイズの可愛いノートを用意されました。由美は次の日から一行日記を書いて提出しました。私は怪訝《けげん》な顔をしている友達の前でもほめながら花マルをあげ続けました。クラスメイトが不思議そうにしているときでも、由美はいつも屈託のない笑顔になりました。

こうして、日記の活動が続いていく間に日記の文が二、三行、五行と徐々に増えていきました。全く取り組まなかった学習にもだんだん向かえるようになってきたのです。

六月のある日、廊下の手提げに由美がリコーダーを入れ忘れたまま帰りました。由美は誰かに隠されたと勘違いしたようです。そのことを聞いたご両親は「誰かにいじめられているのではないか」と心配されたのです。突然お父さんが教室に来られ、「何があったんですか?」と問われました。低学力ゆえにいじめにあっているのではないかと考えたのでしょう。しかし、リコーダーが廊下で見つかったので、お父さんと面談をしました。

そこでは由美の様子を伝え、採点し終えたばかりの算数のテストをお見せしました。そのテストは、計算問題が五〇点、文章題が五〇点、合計一〇〇点のテストで、由美は計算問題がすべてできていました。

そのテストをタイミングよくお父さんにお見せできたのです。お父さんは五〇点という点数に大変驚かれました。

「こんなにできるんですか？」と、叫んだのです。前年度までは〇点のオンパレードだったからです。三年生になってもそれまでは点数が低かったのでなおさらです。嬉しい驚きだったのでしょう。

学力が低くてあきらめていたご両親には、成績の向上は実に嬉しいものだったと思います。娘が少しずつ学力を伸ばしていることを理解したお父さんは、ほっとした表情で帰られました。

そして、由美の変化は友達にも認められるようになりました。放課後に、友達と遊んだり話したりすようになっていることも耳に入ってきました。友達の一人は、由美が話してくれることを喜び、私に教えてくれるのでした。一行日記がよかったのかどうかはよく分かりませんでしたが、友達と言葉を交わすことができるようになったことは、大変な成長でした。

そして、約半年後の個人面談の日がきました。私は、ひたすら由美の変化や成長をお母さんに伝えました。ところが、いつも協力的に話し合ってきたお母さんの表情が硬いままです。私は学力が少しずつついていることを「当然喜んでいるはず」と考えていたので、その硬い表情が崩れないことに不安と疑問を感じました。

そのときのお母さんと私の会話です。

母：それでも、他の子どもと比べるとまだまだですよね？

私：まだまだですか。一年生や二年生で今のように何か変化や成長が見られたことがありましたか？

母：いいえ、全然変化が見えませんでした。

私：それじゃあ、不足よりここまで伸びたことを、認めてほめるようにしましょうよ。将来を考えると、今できることから、さらにできることを増やすことに的を絞っていった方が、成長に役立つと私は思うのです。由美さんが一八歳になったとき、どうなっていってほしいですか。例えば、友達とはどんな風にかかわっていってほしいとか、どんな学校でどんなことを学んでいるか、服装、家庭での様子など、何でもいいので望む姿はどんな様子ですか？

（お母さんは驚いたようにすこし背筋を伸ばし沈黙しました。そして少し笑顔になって）

母：そんなこと考えたこともないので……。やっぱり、一番望むのは、友達に囲まれて楽しそうにしていてほしいですね。

（しばし沈黙した後、お母さんの表情がぱっと明るくなりました）

私：そうですよね。今のように友達と一緒に楽しんでほしいですよね。一つひとつ自分のペースでできることを増やせば、きっと今のように、友達と楽しめていますよね。いつも誰かと比べて不満をぶつけながら育てるのか、一つひとつ獲得した能力を認めながら育てるのか、どちらがいいのでしょうね。ところで、ひとつ提案したいのですがいいですか？

（どうぞというようにお母さんの頭が動きました）

私：友達や他者と比較しない。由美さんの時間軸で育てるというのはどうですか。友達が一八歳のとき、一五歳くらいの力かも知れないけれど、着実に力がついていく育て方を目指すというのはいかがでしょうか。二、三年位遅れて身につくようでも、結局は身につけばいいですものね。アメリカでは、学習障害者が博士になった例もあります。一八歳で大学へ入らなくても博士にはなれますから。

（お母さんは頷いたようでもあり、まだまだ確信がもてない様子でもあり、少し考え込んだ表情で沈黙しました。しかし、表情はだいぶ柔らかくなっていました）

時間がきてしまい、面談は終了しました。お母さんは押し出されるように教室から出ました。どんな心持ちだったかお聞きできませんでしたが、四月から何回かお目にかかってきた私の印象では、お母さんは人の話をじっくり聞く方でした。一行日記を実践されたように、はっきりした決意をおっしゃらないものの、しっかりと行動に移す方でした。

二日後、由美は、漢字書き取りで九〇点をとりました。とても嬉しかったので、由美を連れて職員室に飛び込みました。そしてお母さんに電話をかけました。残念ながらこのときは留守電でしたが、由美の前で、

「ついに書き取りで九〇点も取りましたよ。頑張りましたね。あまりに嬉しくてお電話しました」と、メッセージを残しました。

すると、そのときまで何も言葉を発していなかった由美が、「お母さん、やったよ」と、電話に向けて語りました。職員室で声を出せたことは、いかに由美が心を弾ませていたかが分かります。

その後、書き取りテストは点数がアップしたまま安定しました。それだけでなく、他の教科でも積極的に学習する様子が見えてきました。クラスメイトより一歩遅れながらも順調に成長していることがはっきりしていきました。

ある新聞記事で知ったのですが、低学力の子どもはいきなり能力が飛躍することがあるのだそうです。「できない」「やだ」と拒絶しなければ、由美は確実に努力が実を結ぶ子どもだったのです。劣等感の内側に蓄積されていたものが一気に表われたのでしょう。

個人面談の後、何が由美の学力アップを引き出したかを確かめるため、お母さんに面談後の接し方をお尋ねました。お母さんからは、「とにかくほめたことは確かです」という返事をいただきました。

五月から、何か変化があるたびにお父さんとほめるようにしているという力強い話も聞きました。ですから、書き取りテストの九〇点は親子にとって更なる喜びになったようです。由美だけでなく、ご両親にとっても自信を取り戻す機会だったのかもしれません。五月はまだまだ手探り状態でほめていたのかもしれませんが、一〇月末にはほめる効果を確信したのではないでしょうか。

その後、由美の明るい笑顔は絶えることがありません。音楽のグループ発表でもナレーターに立候補したり、人前で自分の意見や感想を述べたりと、目覚しい変化の数々に、音楽の担当教師と私は大いに喜び合ったものでした。

また、巡回してくださった発達障害の専門医からのアドバイスにも明るい未来が見えてきました。

「由美さんは、学力やその他の能力の発達はゆっくりしているだけで、確実に伸びるでしょうね。それより、由美さんの笑顔は友達へ喜びをもたらし、集団への雰囲気づくりに貢献していますね」というアドバイスです。このこともご家庭にすぐにお知らせしました。

学年が上がり、高学年になっても由美はいつも笑顔を絶やさず、全校集会では、全児童の前で「はじめの言葉」を言う役を努めました。

由美の家庭には事情があり、幼い頃にあまりお母さんと一緒にいられませんでした。さ

まざまな段階でお母さんのサポートを受けられずに学習障害を起こしていました。ずっとほめられるチャンスもなかったようでした。また、入学してからは友達に比べてできないことが目立ってしまったようで、ほめながら育てたほうがよいことは分かっていても、できなかったそうです。

それでも私から見ると、お父さんお母さんは子どもさんへの愛情をたっぷり注がれるすばらしい方たちでした。由美が幼い頃、あまり手をかけてやれなかった事情も仕方がないことでした。

由美のように学習に劣等感を持っている子どもはいるものです。劣等感を持つと、ますます学習に背中を向けるため、学習不振の悪循環に陥るのです。こういう場合は、小さなステップを用意し、クリアする達成感を持たせることが学習への自信回復につながると思います。いきなり学力を埋め合わせようとするとプレッシャーがかかりますが、由美の例は、小さなステップの作り方のヒントになるのではないでしょうか。

子どもは成長したいという本能を持っています。学ぶ欲求はあるものです。認められれば子どもは必ず達成感を感じます。それが次への意欲を引き出すのです。こうしたサイクルを定着させることが、学力不振の子どものサポートとして有効です。自信を持ち始めた由美の自ら伸びようとする芽は、素直に表れるようになりました。由美が学力向上とともに笑顔を取り戻せたことが忘れられません。

学力不振で劣等感を持っている子どものサポート

子どもの成長促進剤は自信です。小さなことでも、簡単にできることを用意して「やり終えた」「できた」という思いを毎日味わわせてあげましょう。

▼勉強の量や難易度の面から段階的に小さなステップに分けてサポートをする。
▼一つひとつやり遂げたことを必ず認めてほめる。

◉達成感こそが学習意欲を高める

中学校ですっかり自信を失っていた一年生と三年生の子どもの勉強に、しばらく付き合ったことがあります。親御さんの凄まじいＳＯＳに心を動かされて、家庭教師のようなボランティアをしたのですが、その時に気づいたことがあります。

それ以前に、実は私の娘も友人に勉強をみていただいたことがありました。受験塾でアルバイトをしたことがあった友人からの提案で、三、四回だったと思いますが、個別指導で娘を応援していただいたのです。サポートしてくれる人がいるという効果を一番感じたのは、数学はひとつ筋道を理解すると習熟しやすいということです。素早く意味づけできる子どもたちは、進学塾のペースに乗ってすいすい学習を進められますが、安心感から復習を怠って忘れやすい弱点もあります。その点、一つひとつゆっくりステップを踏むタイプの娘は、一度理解したことは習熟して定着しやすい面がありました。この経験から、苦手な問題に対しても投げ出すことなくゆっくり取りかかれば、基礎的な力はすぐにつけられると思っていました。得意にまで引き上げるのは難しいかもしれませんが、一定の成果は出せると予想していました。娘が友人のお世話になったときのことが蘇って、私の背中を押したのです。

各家庭での個別指導はそれぞれまったく別の時期でしたが、二人とも中学受験を経験した子どもたちでした。結果として一人は私立中学校に、一人は公立中学に通い、公私立の違いはありましたが、中学で二人とも同じような状態にあったことが忘れられません。

数学の成績不振について学校から警告を受けていた私立中学一年のA子さんには、数学だけに寄り添うことにしました。当初は、寄り添うことで半ば強制的に学習機会をつくることが有効だと考えたからです。

ところが、A子さんの問題はじっくり考えようとしないところにありました。考えることを邪魔する心の問題だったのです。時間をかけても頭を使おうとしなければ成果は出ません。数学に心を閉ざしていることを解決する必要がありました。受験勉強の最中に繰り返し味わってきた成績の低迷に、すっかり自信を失っていたことが大きな原因でした。テストで点数がとれないことに打ちのめされ続けたのでしょう。その結果、問題を一つひとつ解き明かすプロセスを見失っていました。

そこで簡単に解ける問題で考える姿勢を取り戻したいと、ウォーミングアップの質問をしました。

「一〇メートルの道のりを毎秒二メートルで歩いたら、何秒で歩き終えられる？」

簡単な速さと時間の関係を思い出してもらい、数量関係を考えるきっかけにしたかったのです。

ところがA子さんからはまったく答えが出ませんし、手がかりになるような数を操作する姿勢も表れません。仕方なしに描いてみた線分図を見てもヒントにもならないようでした。線分図を二メートル分ずつ区切るなどと考えようとはせず、「公式を覚えているか否か」を考えるのみでした。問題を前にボーっと目を見開いていた後、頭を振ったかと思うと、「こういうとき使う公式はなんだっけ、なんだっけ？」の一点張りです。過去に習った公式を思いだそうとするばかりですが、それでいて思い出すことはないのです。結局、「一〇メートルの道を毎秒二メートルの速度で歩けば五秒で歩き終える」という答えは導くことができませんでした。

小学校低学年でも、線分図を示せば答えを導き出すことができる子どもがいそうな問題でした。しかし、A子さんは「忘れて思い出せない」という一点張りだったのです。このようなA子さんの学習態度はかなり頑固に続きました。

A子さんは小学生の問題からやり直す必要がありました。関数の単元では、小学生のときの比例・反比例の問題から取り組み、問題の難易度を段階的に上げていく必要がありました。理解してから次の問題に取りかかる余裕をもてなかった受験勉強の弊害が見て取れました。

公立学校に通っていたB子さんは、高校受験が一年後に控えていました。小学校の四年生くらいまでは算数が得意で、筋道だって考える力が際立っていました。しかし、中学三年生のときは残念ながらA子さん同様自信を失っていたのです。公立中学校に進んだことで社会や理科ではそんなに苦労していないようでしたが、やはり数学では自信を失っていました。中学でもすぐに塾へ通ったようですが、学習量が多すぎたのか、頭の中で混乱が続いてすっかり自信を失っていました。小学校からの混乱がずっと続いて成果が出なかったのでしょう。

結局、B子さんも中一の問題からやり直して基礎的な問題を解けるようにしていきました。基礎的な問題だけに絞って考えを進められるようにしたのです。得意というまでにはなりませんでしたが、時間をかければできるという自信は持てたようでした。

私の知っている限り、塾へ行くようになってますます知的好奇心が勝っていったという子どもは少なくありません。学校の学習よりも難しい問題を解くことに喜びを感じている子どもに対し、教室でも難易度の高い問題を用意しています。しかし、この二人のように、

学習量や学習速度についていけない弊害が出る場合もあります。これは塾が悪いというより、塾のペースに本人の学習速度が合わないままにしたつけが、大きかったということではないでしょうか。

このような問題は公立小学校の授業でも起こり得ます。ここで私が強く訴えたいことは、習得の速度で能力の優劣は語れない、ということです。理解に時間がかかる子どもたちも、ゆっくりですが筋道をつかんで、解釈したがっているように思います。勉強がきらいなのではなく、学びたいという気持ちは十分持っています。

ところが、親や教師が点数の低さや成績の悪さばかりを気にする。ゆっくり一題一題を解けるようにサポートするなどの対策をとらずに、責めたり、ののしったりする。あるいは子どもと一緒に落ち込むばかりなどでは、本人の学習意欲を削ぐばかりか、劣等感を植えつける弊害が出てしまいます。二人の様子に寄り添ってみて感じたことは、劣等感を持ってしまうと学習に対して心を閉ざすという問題です。「ただ勉強しなかったからできないでいる」と思っている子どもたちが、中学生になって急に学力を伸ばしたことも見てきています。そんな公立中学校の生徒もいるわけですから、受験を通して苦手な教科が出た場合、思い切って本人のペースでゆっくり時間をかけた学習に切り替える手立てが有効だと思います。

A子さんも小学校のときから一つひとつ理解しながら進めるゆっくりペースで学習していたら、そんなに劣等感を持つことはなかったのではないでしょうか。子どもを見ていると、その子に合った受け取りやすい方法で習得できると、大きな達成感を得られるという面が見られました。ゆっくり一つひとつステップを踏むことが大切であることはいうまでもないことです。大検を受けて大学に合格した人の経験談に、小学校三年生の教科書からやり直したという例を聞いたことがあります。強い動機を持つということは、劣等感とは逆の心の作用をもたらします。それが学習に向かう推進力となり、結果として学習能力が向上したのだと思います。

誰かと比べる勉強ではなく、理解したことで得られる「できた」「分かった」という達成感を、一つひとつ味わいながらステップを踏んでいく学習が大事です。

小学校低学年の計算問題にしても、理解に時間がかかる子どもには少し時間的余裕を与えたり、問題量を減らしてしっかり解けるようにすると効果が出ることがよくありました。そういう子どもたちには、ゆっくり解く時間を保証したり問題量を減らしたりすると、まず安心感をもちます。本人のペースで余裕をもって理解できると、「できた」「分かった」という達成感が自信となって前向きな学習態度が表れ、その延長で学力アップになるわけです。自信がつけばその教科が得意になることも多いのです。この低学年で見られる傾向は、どんな学習においても普遍的な習性だと思います。

ところが受験勉強の場合、成績が不振だと夏休みの学習量を増やすといった間違った対応をしてしまう親御さんもいます。ある有名進学塾のカリスマ塾長が、「計画的に取り組み、五年生と六年生の算数問題集二冊を完全制覇するなら、夏休みの講習に十日間通うよりも算数の力は伸びるでしょう」という話をしていました。

受験勉強で勉強量を減らすという勇気は、なかなか持てないかもしれません。一五年以上前の受験は詰め込み教育の時代でした。今の塾は違うところもあるようですが、たくさんの問題に触れ、分からないままに次の問題に当たるというようなペースになってしまっていた子どもたちも多かったと思います。このときに頑固な劣等感で苦しんだ子どもたちのことを教訓に、思い切って勉強量を減らし、まずは基礎問題の理解だけに時間を割く。

そんな方法に切り替えれば、自信を失うことなく学力を伸ばす可能性が広がります。

小学生であろうと中学生、高校生であろうと、また受験するしないに限らず学力を伸ばすためには、一人ひとりに見合ったペースで学習できるようにサポートしてあげることが大切だと私は考えています。

自信をなくしている子どもの学習サポート

基本的には小学生も中学生も同じ。焦らずゆっくり一つひとつ理解できることを増やしていくことが大切です。

▼基礎問題に徹し、学習量を減らす。
▼しっかり理解できてから次の課題に進む。
▼できたことを喜び合って自信をつける。

◉受験のための上手なサポート

子どもの受験については、親なら誰しも一度や二度は経験するものだと思います。大都市部では中学受験熱が高まっていますが、それでも全国的に見ればほぼ九割の子どもたちは、高校受験が初めての経験になっているようです。

将来のためにどちらがいいとか有利だとかいうのは一概に言えないと思います。ウサギとカメの競走を思い出してください。ウサギは最初から競走意識でカメと向き合います。早く走る力があるので勝つことを目標にして競走します。途中で自分の走力に慢心して昼寝をしてしまい、最後にはカメに負けます。カメは最初から競争ではなく頂上のゴールを目指していました。ですから、どんなに遅くてもころんでも歩みを進めて、頂上のゴールにたどり着いたのかもしれません。中学受験であれ高校受験であれ、入った後の生活にカメのようなゴールを意識できれば、受験という多少の辛さも乗り越えて成長できるのではないかと思っています。

普段の学校の勉強ですら重荷に感じる子どももいるくらいですから、受験勉強の重圧をはねのけて前向きに挑戦するには、入学後に期待できる生活や学習がイメージできることが重要ではないでしょうか。

ところが実際にはそういう子どもばかりではないので、入学後に苦しんで転校が必要になるケースも結構多くあります。共育コーチング研究会の仲間で、受験コーチングを提供している花岡司さんは、合格という結果ばかりが成功事例として紹介されていることを危惧しています。合格を受験の目的や目標にせず、入ってからの生活をイメージして受験するかどうか決めてほしいといつも訴えています。入学後にどんな学習や部活をしたいのか、その辺の動機をもてるように話し合っておくことが、重圧をはねのけるサポートになると私も思います。

また、中学になって学力が伸びる子どもは、高校受験の方が力を発揮しやすい場合も確かにあるのです。東京大学の池谷裕二先生は、小学校のときに九九の暗誦がまったくできなかったそうです。ところが、中学生でちょっと勉強したら英語の点数はよかったので、それをきっかけに「やればできそうだ」と勉強にも意欲が出たそうなのです。いまだに九九が暗証できないというお話を、ハトが豆鉄砲を食ったように聞いたことが忘れられません。池谷先生は中学二年生のころから学習に意欲が出たといいます。高校でも塾に通ったことがなく、東大に現役で合格したそうです。

高校受験の場合も、将来の職業についてのイメージをもてるための話題を提供したり、体験の場を用意してほしいと思います。子ども自身の興味や希望を確認しながら、将来の視野と選択肢を広げる機会を持てるようにサポートすることが大切だと思います。

受験とは、合格だけが目的ではなく、その先にある学習や活動を通して子どもが成長し、幸せになっていくことが、最も重要な目的だと私は考えています。

親としては、受験が子どもの夢の実現や目標達成の過程にあることを意識してサポートすることが重要だと思います。ここで見事なサポートをしたお母さんの例をご紹介しましょう。

A君は自分が希望した中学を受験しました。彼は高校に入ったら野球で活躍することを決めていました。A君の受験校選びの視点は実にはっきりしていました。よいグラウンドがあることと、入学したらレギュラーになれる学校であることの二点でした。

私もお母さんから最近教えていただいたことなのですが、いつも甲子園に出ているような野球のエリート高校だと、中学時代に活躍した子どもが優先され、高校から野球を始めた生徒は野球部をやめさせられることが多いのだそうです。

甲子園大会に行けそうな学校では高校入学と同時に野球をやめさせられる可能性が高いという訳です。そこで、中学校や高校にお母さんが直接電話をして、高校でも野球を続けている生徒さんが何人存在するのか、という点についてリサーチしたのだそうです。野球で有名なある中高一貫校の先生は、「中学から高校の野球部に進んでいる生徒もおりますから」と受験を誘うような説明をされたそうです。

お母さんがすかさず、「何人ですか？」とたたみかけて問うと、「一人です」と答えたそうなのです。受験するかもしれない学校の先生にここまでしっかり尋ねるとは、そのお母さんの愛情と勇気はすばらしいと感心したものです。そのときのお母さんの考えを聞かせていただくと、

「少し弱い学校でもいいからレギュラーにならないと活躍はできません。野球で活躍できる学校であることを優先しました」と言うのです。

お子さんが好きなことに頑張ることを信じきり、十分のめりこめる環境が揃っている学校を何としても選びたかったのだと思います。入ることが目的ではなく、入ってからやりたいことを存分に頑張れるようにお母さんは情報を集めていたのでした。

こうして親子の目的意識が高かったこともあり、本人の学力はぐんぐん上がって結局は偏差値も高い中高一貫校に入りました。あとで分かったのですが、受験校二校のうち一校は当時は偏差値四八だったのです。偏差値を追っていない覚悟が見えるようでした。目先の偏差値ばかりを気にすることなく成功した例だと思います。

そんなお母さんでも中学三年生の頃には、中高一貫校に入れてよかったのかどうかと迷っていました。お話を聞くと、野球ばかりにのめりこんであまりに勉強をしていない上、思春期に入ったA君が何も語ってくれないことに不安がつのっていたといいます。

私はコーチングのアンケートをとるつもりで彼と五年ぶりに電話で話すことにしました。

私：守秘義務から、君の話はお母さんに秘密にする約束をするので少し聞かせてね。A君に将来の夢があったら教えてくれるかな？

A君：ない。

私：ないか。じゃあ、大人になったときにこんな職業に就きたいとか、こんな人になりたいとかいう望みがあったら教えて？

A君：ない。

私：そうかないか。それじゃあ、もし神様が何か一つ叶えてくれるとしたら、どんな大人になりたいのかな？

A君：え？　うーん、ちょっと待って……（沈黙三秒ほど）。ニューヨーカー。

私：え？　ニューヨーカーってニューヨークのことかな？

A君：うん、ニューヨークで仕事している自分かな……。

このあと、大学には必ず行きたいということ、将来のためにサボっていた英語を頑張っていくことなど、A君は自分の目標をいくつか語ってくれました。私との電話を終えると、A君は自分からお母さんに話し合った内容を語ったのだそうです。お母さんやお父さんが、A君の将来像を共有するきっかけになった日でした。このときの対話が将来のイメージを持つことに役立ったのなら大変うれしいと思ったのを覚えています。

この時より「目の前にニンジンをぶら下げて生活するようになったので不安がなくなった」とお母さんは折に触れて話してくださいます。受験当時も今もお母さんからは「運がよかった」という言葉がよく出てきます。

その後、A君はずっと甲子園を目指して野球を続けていることが伝わってきていました。もう少しのところで甲子園出場は叶いませんでしたが、高校での活躍ぶりはいろいろな雑誌に紹介されてドラフトの候補にあがったり、大学の推薦枠に入ったり、関係者の関心を呼ぶ結果を招きました。本人の頑張りとお母さんのサポートが相乗効果を生んだといっていいでしょう。

大学に進んだ彼は、国の支援でブラジルにも行くなど、十分野球を通して自分を鍛えた

ようです。本人はもとより、ご両親も彼の大学での活躍を喜んでいました。

中学三年生のA君と電話で話し合った時には、大学卒業後に外国でビジネスマンとして活躍することを夢にしていました。今春大学を卒業した彼が、これからどんなビジネスマンになるか私も楽しみです。

お母さんは、子どもが自ら選んだ道で頑張って成長したことに達成感を味わいながら子育てを卒業しようとしています。

子ども自らが育とうとする芽をいつも大切にし、その潜在能力を発揮しやすい環境を整えることに力を注いだお母さん。子どもの思いを尊重するお母さんの姿に、すばらしいサポーターとしての愛を見る思いがします。


受験をする子どもの様子を見ていると、態度や行動に心配な面がどんどん表れる子どもと、割り切ったように受験を乗り越える子どもがいるものです。受験にストレスを多く感じる子どもたちは不安と重圧が重なっています。しかしA君のような目的意識の高い子どもたちは、入学後の自分の生活を夢に描いて勉強するせいか、あまりストレスを感じないようでした。バレエの教室に毎日通うために受験した女の子もいましたが、まったくストレスを感じなかったと後に感想を語っていました。こういう子どもたちは、受験勉強のために野球やバレエを休まないことも実に興味深いものでした。

受験生自身の目的意識を高めるサポートの一つの形として、このお母さんの視点は参考になるのではないでしょうか。

中学であれ高校であれ、受験は合格することだけが目的ではなく、子どもが望む姿を実現するためのプロセスであること、そのための選択肢として受験校を絞ることを親子で共有してほしいと思います。こういう考えを確認できてこそ、受験の結果がたとえ悪くても、次の学校を受験したり再び挑戦したりするモチベーションの維持が可能になります。Ａが駄目ならＢ、Ｂが駄目ならＣもあるくらいの選択肢を用意したいものです。

また、どんな大人になりたいのか、どんな職業につきたいのか、夢や願望を普段から親子で話し合っておくこともお薦めしたいと思います。五年、一〇年先を見て今を考える習慣こそ、主体的に生きる力をつけるのに有効だからです。

子ども自身の期待や希望に向かって受験があるということを、お母さんお父さんが確認することが、受験をサポートする上で最も大切なことだと思います。

受験のためのサポート

▼受験は目的ではなく、その後に望む将来像を実現するためのプロセスであることを親子で話し合う。

（子どもが納得すると受験に対するモチベーションアップや学力への集中力をもたらす）

▼子ども自身が望むゴール像を鮮明にする。

（ゴール達成に向けての知識やスキルを身につける集中力をもたらす）

第4章

子どもの行動が心配になったときの対応

◉キレる子どもと向き合った体験

好奇心旺盛で、何かに執着を示していたかと思うと、突然衝動的な行為に走る子どもたちがいます。そのとき注意したり制止したりすると、乱暴な行為や暴力がエスカレートしていく傾向があります。このような子どもたちは、後に「キレる子」と総称されるようになりました。

こういう子どもたちの特徴には自分を否定するところが見られます。周囲からなかなか理解されない行動が多いため、思いを尊重されずに育ってしまったのかもしれません。

私のクラスでは、高い潜在能力を感じさせながらも、親や教師にとっては育てにくさを感じさせる子どもたちがいました。団体行動が苦手であったり、いきなり予想のつかない行動に走ったりと、学校では指導に行き詰ることがよくありました。一方、「ひらめきがある」「こだわりが強い」「持続力がない」などの面も見受けられます。

最近は、発達障害がメディアでも取り上げるようになりましたが、その当時は発達障害か個性かの境界線ははっきりしていませんでした。

この点については、ある東大の先生から、「自分は子ども時代に、発達障害ともいえる子どもだったのです」というお話を伺ったことがあります。ゼミで優秀な学生さんの中にも、先生と同じように落ち着かない子どもだったという人が結構いると語っていました。

ではどんな風に子どもに向き合えばキレることがなくなるのでしょうか。私はいろいろと試して効果的な対応を探っていくしかありませんでした。

小学一年生の達也（仮名）は語彙が豊富で、的を射た鋭い意見を述べる子で、私はよく感心させられたものです。登校途中の達也に出会うと、とても機嫌よく話すのです。そういう面では達也は実に可愛く人懐こい子どもであり、コミュニケーション能力も高いように思えるのでした。

ところが教室では、身の周りのありとあらゆる持ち物を足元に散らかし、学習態度には大変なムラがありました。学習に興味を持てば鋭い意見が出るのですが、ノートへの記述などはあまりにも乱雑か、全く取り組もうとしないかのどちらかで、能力的には実にアンバランスな子どもでした。達也の能力を多方面から分析的に眺めると、それぞれの能力が極端に高いか極端に低いかのどちらかに評価が偏る不思議さがありました。

私が困ったのは、授業に集中している子どもたちに危害を及ぼす行為があったからです。

好奇心からなのか無意識なのかわからないのですが、周りの子のノートを破ったり、あるいは学習用具を投げつけたりしました。いきなりの行為がクラスメイトの体を傷つけそうなときもありました。達也のところに飛びついて制止せざるを得ないことがしばしばでした。

ところが、ストップをかけると達也はキレてしまう子どもでした。目が血走って鋭く光り、般若のような形相で二〇分位は暴れまくるのです。このような子どもは、キレると興奮がなかなか収まらないものでした。仕方なく抱きかかえて暴れるのを沈めようとすると、力比べが一〇分以上続くこともありました。冬でも汗だくになった記憶が鮮明に残っています。

あるとき、達也がいきなり持ち出したはさみが同級生の顔に近づきました。急いで取り上げると、達也から私へのとび蹴りが始まりました。こうなると私の言葉が彼の心に届くことはありませんでした。仕方なしに抱きかかえて気分を鎮めるのに、二〇分もかかりました。

ほかの子どもへの授業があまりにも中断されたので、このときは抵抗する達也を硬く抱きかかえたまま授業を続けました。時折「君のこと好きだよ」「でもこれはいけないから、先生は君が分かるまで頑張るよ」という声をかけ続けました。

長い長い時間がかかりました。

他の子どもたちが息を飲んで見守っているのを痛いほど感じました。その子ども達へは、「大丈夫よ。達也君は謝るのが苦手だけど、すぐに優しい達也君に戻るから待っててね」などと語りかけ、冷や汗をかきかき必死に抱きかかえたのを覚えています。

達也に反射的に怒鳴ったり、モノを取り上げたりすると、かえって火に油を注ぐことになると分かってはいましたが、とりあえず対処せざるを得ない瞬間だったので、怒鳴らずに黙ってはさみを取り上げることもありました。こうなると必ず暴力的な反発が表れました。

ほかにも、友達とのやり取りでキレはじめると仁王立ちになり、机を投げつけるなどの暴力が続く子どももいました。こういう子どもたちは、一度キレると自分ではなかなか気分をコントロールできなくなるようでした。

身勝手な行為をしている場合、大抵の子どもは注意されると気づいてすぐにやめることができます。反省して姿勢を正すことができるのです。ところが達也みたいな子どもには理屈が通りませんでした。耳に入らないどころか、目がギラギラと鋭く光りだしたかと思うと、乱暴な行為が始まるのでした。

達也はいったんキレると自分から止めることができない子どもでした。周りからは心当たりのないことが引き金となって始まり、しばらく続くのでした。しかし二〇分もすると、取りつかれたものから解放されたかのように落ち着いていきます。やがて彼の体からすうっと力が抜け、最後には「ごめんなさい」と言うのでした。何がいけなかったか反省することもできました。そうなると、とっても子どもらしい素直さが表れるのです。反省して席に戻り、学習が再開できました。道徳的な判断力がまったくない訳ではないのです。

ただこういうことの後には、放課後に困惑するような言葉が達也から聞かれるようにもなりました。

「何で俺はあんなことをしてしまうのかわからない」

本当はどうしたかったのかを語れないのです。そういう自分にとまどって、恐れを抱いているような口ぶりです。

「俺なんか死んじゃえばいいんだ。お父さんお母さんだってそう思っているんだ」と自己否定が始まるのでした。

達也は、落ち着いて機嫌がいいときには、道徳的なすばらしい思いやりの考えを口に出すことができるので、理屈は分かっているのです。しかし、相手とのかかわりの中では、それが態度に表れることがほとんどなかったのです。常に反射的に怒りが噴出したり、訳もなく衝動的な暴力行為が繰り返されたりするばかりでした。

達也は大変頭脳明晰な子どもに思えるのですが、どうしてこうも分からないところが多いものなのかと悩みました。達也自身もこのことへの悩みは深くて自己否定するのでした。自分を哀れむかのように私に抱きつくこともありました。

一年生の六月頃から私は「さようなら」を済ませた後に、達也を抱きしめる時間を用意しました。幼子のように私の胸に顔を埋めて、いろいろな話をしてから帰るのが日課となりました。達也が恥ずかしげもなく私に抱きついて甘えるせいか、それとも、何かを言って恐ろしい目に遭いたくないと思うせいか、からかう子どもは一人もいませんでした。また、それぞれの家庭で達也への対応の仕方が話し合われているのを、周りの子どもの様子から感じました。

達也はドッジボールが大好きで、試合のときなどはクラスメイトとトラブルを起こすことも少なく、ルールを守って楽しめているようでした。

その頃は、まだまだ発達障害への対応についてよく知りませんでしたが、達也にはドッジボールを引き合いにして、次のような話をしてみました。

達也：どうせ俺なんか嫌われ者だ。

私：嫌われ者だって？　そんなことないと思うよ。ドッジボールのルールがちゃんと守れるから、みんなと楽しくやれているでしょ。ルールを守れたらみんな安心してくれるよ。

またあるときは、

達也：どうせ俺なんかできっこない。

私：できっこないと思っているんだね。ドッジボールは誰よりも早くボールに追いつくし、苦手だったルールも守れるようになったでしょ。なんだってやってみればできると思うな。

きっかけがあればこの子もきっと衝動性が治ると、祈るように信じ続けました。しかし、完全に問題が解決するということはなかったのです。

例えば、友達の絵に衝動的にクレヨンで落書きをするときには、「友達の絵には描かない」と具体的な指示でストップをかけることができたかと思うと、次は同じような指示も無視されるという繰り返しです。

彼は私を信じて抱きつき、帰りの甘える時間がいい関係づくりに役立っていました。お母さんとの信頼関係も良好でした。しかし、行動面の成長、コミュニケーション力の成長は一進一退で、なかなか確かなものにはなりませんでした。私の中で手ごたえがないのです。

ちょうどこの頃に参加した研修で、自閉症児への対応や発達障害の投薬による効果事例を知りました。研修を進めるうちに、私は「達也は私の力だけでは根本的な解決ができないのではないか」「このまま衝動性が収まらなければ、取り返しのつかない傷をほかの子どもたちに与えてしまうかもしれない……」ということを恐れました。

誰よりも読書量が多く、語彙が豊富で頭脳明晰な達也。本質的にはものすごく優しい面があるのに、衝動的な暴力が行き過ぎて取り返しがつかなくなるのは避けたい。何とか食い止めてやりたい。そう考えた私は、ついに腹をくくり、彼をどこかの専門機関で調べてもらうように、お母さんへ進言しました。この頃の教育委員会からは、保護者に専門機関を勧めたりすることは、避けるように指導されていました。そういうことはその子を認めていない証拠で、保護者との信頼関係を崩す恐れがあるという判断をしていたのです。

しかし私は、彼の問題を避けて通るのに納得できませんでした。

「達也の可能性を広げたい。せっかくの潜在能力を発揮する前に人を傷つけたりするようなことはさせたくない」。そんな思いでした。

ご両親の怒りや反発も承知の上で、二学期の終わりに電話をしました。すぐにご両親が飛んできて話し合いをしました。しばらく私への不満が渦巻いたようでした。私は達也のすばらしい能力を伸ばしたい一心であることを伝え続けました。結果、ご両親はある児童医療福祉財団で検査を受けさせることにしました。

検査結果が出るまでの二週間、ご両親の私への不信感が達也にも伝わったのか、達也の反抗は一時的にひどくなりました。それは想定内だったので、私は彼への態度を変えませんでした。

さて検査結果が出ました。なんと達也のＩＱがものすごく高いことが分かりました。その反面、動作ＩＱが低く、その差が大きいことも分かりました。専門用語は分かりませんが、そのような説明を聞きました。そういうことが気分のムラやイラッキを引き起こすことも、お母さんを通して教えていただきました。

お母さんからは、

「先生、あの子のように高いＩＱの子どもに出会ったことがないとお医者様から言われました。なかなか検査に来るのは難しいのですが、よくここへ来られました。この子の高いＩＱを生かすためにも、よくよく学校や先生と協力して育てる必要があるお子さんですよ、と言われました」と期待感があふれる声を聞くことができました。

お母さん自身は几帳面で潔癖症と思える面があったそうです。お父さんから打ち明けられました。幼さゆえに達也が散らかしたりこぼしたりすることにも、神経質になって叱りつけたのかもしれません。こぼしながら、散らかしながら次第に上手になるのが幼児の成長です。ところが達也が育つ過程で、部屋を汚されることが許せないお母さんは、叱責したり、ときには手を上げることもあったようでした。

しかし、達也はこのときからご両親から期待される子どもになりました。必死に達也の強みを尊重しようとするお母さんの姿勢が、達也の自己肯定感をもたらしていきました。


彼の検査結果が出た一ヵ月後、お母さんからこんなご提案がありました。

「先生、私が言うのもおかしいのですが、他のお母さんたちにもお子さんの様子に少しでも不安がある場合は、専門機関で教育相談や検査を受けることをお勧めください。料金も高くないし、伸ばす育て方が見つかることを知りました」

その頃のお母さんからは焦りの様子が消え、達也を育てる喜びすら表情に表れていたのです。それまでの緊張感ある表情にゆとりが感じられました。達也のやることに意味を見出したのかもしれません。達也の思いや行動が注意深く尊重されるようになりました。

三年生になったときも、六年生になったときも、達也は舞台に立った晴れ姿を私に見せてくれました。三年生からは問題児として取りざたされる子どもではなくなったのです。読書量が多いことを考えても、達也の将来がとっても楽しみになっていきました。

好奇心旺盛で活発な子どもやこだわりの強い子どもは、育てにくいと感じることが多いことでしょう。しかし、育てる自分にとって面倒だからといって、たたいたり叱責したりすることは問題です。

食事のときに幼児がこぼすのは当たり前です。知らないこと、できないことを怒鳴られ、好奇心から確かめている行為を取り上げられれば集中力は育ちません。子ども一人ひとりの思いや考えを尊重して、集中していることを妨げない方が自主性や個性は伸びます。

心身にわたって人を傷つける行為や道徳的に考えて違反する行為以外なら、子ども本人の考えや行動を尊重して、自由にやらせてあげることをお勧めします。

子どもたちは、自分の思いを尊重してもらえばどんどん落ち着いてくるようです。自分で考え、自分で選んで決めたことに十分集中できる経験は大きな成長をもたらします。自信を持つようになり前向きな姿勢が表れます。

達也はお母さんたちの視点や態度が変わったことを喜んでいました。愛情や期待感が伝わり、自分を好きになれたのです。少々寂しいことですが、そのころには私に抱きつく必要はなくなってしまいました。

キレやすい子どものサポート

一人ひとりには、ほかの子にはないすばらしさがあります。それが阻害されずに、十分発揮できるように向き合うことが大切です。劣等感が成長を妨げないためにも、特にコミュニケーションスキルを磨きながら、得意な分野を伸ばしていくことが必要だと思います。

▼子どもの存在を大切にしている思いを伝え続ける。
（「私の宝よ」「あなたは私の生き甲斐」「あなたには可能性がある」などの言葉かけ）

▼矯正する考えではなく、子どもの得意なものや好きなことを認めて（ほめて）、自己肯定感を育てる。

▼子どもが受け入れやすい方法で、「どうなりたいのか」「どうしたいのか」を聞き取りながらコミュニケーションスキルを磨く。

▼苦手なことや上手くできないことに焦らず寄り添う。
（「やって見せ、やらせて見せて、じっと待つ」を繰り返す）

▼衝動性や乱暴な行動の改善がみられない場合は、専門機関で検査を受けてみる。

◉子どもが問題を起こしたときの対応例

　子どもたちは、ちょっとした気分で、いじめをしたり万引きしたりといった問題行動に走ってしまうことがあります。そんな時、親はどんな態度で接することが必要でしょうか。教師として子どもたちを預かってきた立場から、問題が芽吹いた時の対応の仕方で子どもがどう変わるか、私自身の経験を紹介したいと思います。

　通称「学警連」（※）の担当をしていたときです。ある警察署長の説明では、日本の少年犯罪は全体として減少しているものの、犯罪の低年齢化や万引きなどの軽犯罪の増加が問題化しているということでした。警察署長は、親や教師が子どもたちに規範意識をしっかり持たせていないことが原因だと語っていました。この話を聞いた私は、もっとほかの原因の方が重要だと実感したものです。

　担任としてかかわった子どもを思い出すと、一人ひとりはみんないい子で、可愛くて仕方ありません。また、一人ひとりの可能性や成長については信じられる子どもばかり預かってきたと感じています。

　しかし、成長過程ゆえの失敗はつきものでした。私は基本的に、「小学校は多くの失敗を経験するところ」「失敗は成功の元」と考え、できるだけ経験を活かしながら子どもを育てる方向に重点を置いてきたつもりです。それでも傷つく相手がいるような問題の場合は、単に「失敗は成功の元」と励まして片付けることはできず、お父さんやお母さんに事実を受け止めてもらい、子どもを支えていただかなければなりませんでした。

ここからは親子で失敗を教訓にした事例を紹介します。

小学四年の和雄（仮名）は大きな失敗をしましたが、ご両親の真剣な対応に救われ、二度と同じ失敗を繰り返すことはありませんでした。

和雄はあるとき、友達のカードを盗んでしまいました。学用品ではなく、友達同士が私に内緒で見せ合っていたカードということでした。私の目も想像も及ばない行為だったのです。

「カードを盗られた」と一朗（仮名）の母親から放課後に電話が入りました。

一朗の母：先生、一朗は帰るなり泣き出しまして。実はそのカードは、買うと二、三千円もするもので、子どもたちが喉から手が出るほどほしいものだそうです。

一朗は、何かの抽選で当たって手に入れたもので、それはそれは大事にしていました。それで、いけないことなのに、つい学校にもっていってしまったようです。なくしたと思って、焦って探しまくったところ、見せ合ったときにいた友達が、和雄君がもっているところを見たと言ったそうです。ただ疑うのもいけないと思うのですが、それだけが手がかりなので、先生に連絡しました。一朗は「あいつが盗ったんだ」の一点張りです。どうしたらいいでしょうか。

学校にもってきてはいけないはずのものではありましたが、戸惑いと不安が感じられるお母さんの声の震えに、私の指導で何とか解決をしてほしいという願いが込められていました。

私：うーん、そうでしたか。それでは和雄君に聞いてみますが、現場を見ていない私にはただ疑うことはできません。少し話を聞きたいので、一朗君に代わっていただけませんか。

一朗の母：はい。

私：今お母さんから聞いたけれど、カードをもってきていたのね。
一朗：はい。
私：勉強以外のものは学校に持ってきてはいけないことになっているけれど、そのことはあとで話し合うことにして、いつなくなっていることに気づいたの？
一朗：クラブから帰って来たとき。
私：着替えて帰るときかな？
一朗：うん。そう。
私：どこにあったもの？
一朗：カードはケースに入れて机の中に入れていました。
私：机の中だったと思うのね。もしかしてどこかに落としていたり、勘違いしていることもあるかもしれないわね。
一朗：それはない。だって探していたら片岡（仮名）君が、「和雄君が帰るときにカードをもっていたよ」って言ったから。
私：うーん。それなら、一応和雄君にまずは聞いてみるね。ただし、カードをもっていたからといって、まだ決めつけないでね。よく事情を聞いてみるからね。

私は疑われている和雄の家に電話をかけました。すると、ベルが鳴るなり和雄が電話口に出ました。

私：あのね、今日学校に一朗君がカードをもってきたみたいだけど、和雄くんも見たでしょう？
和雄：はい。
私：なんだか、とっても大事な何とかっていうカードがなくなったらしいのね。何かカードのことで知っていることはないかしら？
和雄：いいえ、知らないです。
私：そう、知らないかー。ところで、君もカードをもってきていたの？
和雄：はい。
私：そうか、やっぱりもってきていたのね。あのね、「和雄君が一朗君と同じカードをもっていたみたいだ」って聞いたんだけれど、同じものかな？
和雄：はい、あれは僕のです。
私：分かった。一朗君のカードではないわけね。一朗君は今も探しているので、また何か思い出したら教えてね。

和雄：はい。

和雄は普段よりかなり丁寧な口調でした。家庭の電話で話すときは、こういう話し方をするように教わっているのかもしれないと思いつつ、電話を切りました。和雄との話の内容を伝えるために、私は再び一朗に報告の電話を入れました。

一朗：だって、休み時間に見せ合った時には和雄君はそのカードをもっていなかったと思うけれど。

私：和雄君もカードを見せ合ったのかしら？

一朗：うん。でも、そのカードをもっていたら絶対見せているはず。休み時間には、誰も見せなかった。もっていなかったと思います。

私：うーん。休み時間には、和雄君はもっていなかった。そういうことね。それじゃあ、和雄君にもう少し聞いてみるので、それでも解決しなかったら、明日学校で聞いてみましょうね。一つ約束してほしいのだけど、ちょっと聞いたことで友達を疑うのだけはやめようね。

一朗：はい。さようなら。

ここへきて和雄に対して一抹の不安を抱いた私は、カードが紛れ込んでいないかを確かめるように和雄の家に電話しました。電話の呼び出し音がしてすぐに和雄は電話口に出ました。

私：ああ、和雄君？
和雄：はい。
私：「休み時間には和雄君はカードをもっていなかった」って聞いたわ。もしかして、友達の物と勘違いしていないかしら。
和雄：いいえ、あれは僕のです。友達にもらったものです。（きっぱり言い切りました）
私：友達にもらったんだね。その友達って誰か教えてくれるかな？
和雄：ほかのクラスの友達です。
私：どのクラスの友達かな？
和雄：えー。（少し間があり急に早口になって）もう引っ越した友達です。
私：ほかのクラスの人か。それは分かった。それでも、よくあることだから、君の物

に一朗君のカードが紛れ込んでいないか調べてくれないかな。それから、ちょっとお母さんに代わってくれないかしら。

ここまで話したときに、電話口の向こうに和雄の母親の声が聞こえました。

和雄の母：さっきから誰と話しているの？

（と言いながらお母さんは電話に出てくれました）

こうして、和雄のお母さんと話すことになりました。私は、今までの流れを説明し、和雄が誰かからもらったと主張しているものと同じ一朗のカードが突然なくなった事実を伝え、どこかに紛れ込んでいないか調べてもらうように頼みました。

和雄の母：さっきから誰と話しているのかなー、と思っていました。先生だったんですか。いやー、そんなカードをもらったなんてちょっと怪しいですね。

私：いいえ、お母さん、もらったと言っていますので、決めつけないで探していただけませんか。よくある例で、子どもの教科書がなくなると隣の子どもの道具に紛れ込んでいたりすることはよくあるのですよ。ですから、カードも何かの拍子に紛れ込んでいないか調べてほしいだけなのです。

和雄の母：とにかく分かりました。よく聞いてみます。

それから、三〇分ぐらい経ったでしょうか。和雄の母親から涙声で電話がありました。電話があるたびに飛びつくように出ている和雄に異変を感じていたということ。私の話にあるカードはもっていなかったこと。この二点から、お母さんは和雄が何かよくないことを隠していると確信したというのです。そうして、問いただすと、「うらやましさから、つい盗ってしまった」と、すぐに打ち明けたとのことでした。

和雄：先生……ごめんなさい。

泣きながら精一杯謝る和雄の声がした後、すぐに和雄の母が電話口に出ました。

和雄の母：先生、こんなことは初めてです。主人も私も泣きながら叱りました。主人ははじめて手を上げました。「とても悲しい」と言ってみんなで泣いてしまいました。和雄から全部聞きましたので、これから一朗君の所にお詫びに行きます。二度とこんなことを繰り返さないためにも、三人で謝りに行ってきます。

私は結果報告として一朗のお母さんに、和雄が盗ったことを伝えました。そして、「これからお詫びに伺いたい」という和雄の家族の思いも伝えました。最後に、和雄が反省しているので、今後一切今回の事件について攻めたり、うわさしたりしないでほしいと訴えました。

このような事件や万引きでは、最初に発覚した時の保護者や教師の対応がとても重要だと学びました。和雄のご両親は自分のことのように悲しみ、苦しい中でも真正面から事実を捉えて和雄の反省を導き出しました。

和雄は、一朗への謝罪で一緒に頭を下げてくれるお父さん、お母さんの姿を見て、ほとほと悪いことをしたと実感したようです。和雄は、長男で下には妹がいる立場でした。教室では、僕が僕がと自己アピールをするところに、第一子ゆえの欲求不満が隠されているような面が見られていましたが、お父さんお母さんの愛情をしっかりと確認した日でもあったと思います。お父さんやお母さんが涙目で一緒に頭を下げてくれたのですから、自分を見つめ直してしっかり反省できたのだと思います。その後の和雄は謝るべきことを謝り、晴れ晴れとした気分で再び日常に戻りました。

和雄のような行為は最初の対応がとても大事になってきます。もし、和雄の行為を見逃すと、常習性に陥りやすいという一面があります。しかし、このときは何とか全容がその日のうちに明らかになったので、和雄にとっても盗られた一朗にとっても、とてもすっきりとした結末を迎えることができました。

和雄の両親による真剣な謝罪は、一朗とご家族、そして担任の私にも大きな学びをもたらしてくれました。心打たれた一朗は、次の日からも一切和雄の行動について口外することはありませんでした。両家族のその後の付き合いにも悪影響が残りませんでした。むしろ学びが多かった事実として誇りに思える体験にすらなっていったのです。

このような友達相手の盗みがあった際は、校内で調べる場合も多くあります。そんなときは、反射的に疑ったり決めつけたりしないことを肝に銘じていました。あくまでも、冷静に双方から事実を聞きだすこと、特に時系列に遡って事実を洗い出すことが大切だと思います。そうすると必ずどこかで矛盾点が出てくるからです。そこから解決の糸口が見つかり、ほころびが見え始めて、子どもは自分の過ちを素直に認めます。そしてホッとしたような表情を浮かべます。そんな子どもの様子を見ると、解決させることがいかに重要なことか分かります。間違ったまま、騙したまま、盗んだままにして生活するなんて本能的に嫌っているのが子どもたちではないでしょうか。

友達間のトラブルを解決する場合、聞き出していく教師や親が、冷静に事実を洗い出していくことが不可欠です。事実誤認がその後の友達関係に尾を引く危険もあるため、最初から疑いをかけるなどの先入観や思い込みを排除して事実を洗い出すことが、最も重要だと私は思います。

＊学警連……学校警察連絡協議会の略称。学校と警察の連携による子どもの健全な成長を目指している。

◉携帯電話・インターネットのリスクから子どもを守るために

「子どもの問題に携帯がかかわっていたんです」

中高生を持つお母さんの悲痛な叫びを聞きました。親の世代が知らない世界を気楽に闊歩する子どもたち。瞬時に世界と交信できる携帯電話やインターネットの利便性は、暇つぶしや背伸びの行為がエスカレートして、犯罪にも結びつく危険性をはらんでいます。

成績優秀な女子生徒が高校に合格した年、出会い系サイトから興味本位で男性を呼び出した事件がありました。ある日母親の知るところとなり、「娘がそんなことをするとは考えもしなかった」と、母親はがっくり落ち込み、信頼を寄せていた娘だけに落胆は大きかったにちがいありません。

小学校六年生の子どもが携帯メールで、クラスメイト数人へ脅迫文を送りつけた事件がありました。受験勉強の合間の気晴らしで送りつけた事件でした。安易に犯罪へ足を踏み入れる子どもたちは、脅迫された相手や家族がどんなに不安な日々を送ることになるか、考えが及ばないようでした。携帯電話やインターネットが、判断力の未熟な子どもたちを犯罪領域へ運ぶ危険があることを物語っている事件です。

二〇〇九年、ある新聞の特集記事に裸の写真を携帯で撮って送信してしまった女子中学生の話が載っていました。相手が目の前にいない気安さからか、裸身を鏡に写して撮影し、あるサイトに送ってしまったようです。その写真は世界に配信され一生回収できないことに判断が至らなかったのでしょう。有害サイトの取締りで見つけた警察官から写真を提示され、母親の知るところになりました。

見知らぬ男性から「きれいな体だね」というメールが届いて怖さを感じたときには、すでに世界に配信され、売買の対象にすらなっている可能性もあります。

ある高校生に、携帯電話での問題点について意見や体験談を尋ねてみました。すると、「相手が見えないことで、きついことを書き込んでしまうことが確かに問題だけど、僕の場合は架空請求を繰り返されたときの方が問題でしたね。焦りましたよ。無料のサイトしか覗いたことはないはずなんで、電話ボックスに飛び込んで必死に掛け合って何とかなりましたけど。後で友人に聞いたら、放って置いていいそうです」という声がありました。

この話に接して二つの大きな問題を知りました。一つは子どもたちが詐欺被害に会う可能性が高いこと。もう一つは、そういう危険が迫っても大人には相談していないという現実です。自立思考が強いだけではなく、背伸びをしていることの危険性もうかがえます。

また、中高生がインターネットの利便性だけを追い求めて、リスクについては把握していないという現状があります。リスクについてよく知らないことが危険を増幅しているのかもしれません。

どんな風に子どもたちを守ったらよいのでしょうか。自分たちが育った時代に経験していないインターネットや携帯電話との付き合い方は、専門家のアドバイスが有効です。知らないでいては危険を回避することができないことになります。

そこで、最近はインターネット被害から子どもたちを守ろうとするサイトが立ち上がっているので一部紹介したいと思います。「子どもたちのインターネット利用について考える研究会」のサイトです。

まず、目次には、チェックリスト、フィルタリング、男女別トラブル傾向、利用する際の問題点などが並んでいます。それではインターネット上で振り返りができるチェックリストを抜き出してみましょう。

「お子さんのインターネット利用状況をご存じですか？」

以下の質問にいくつチェックをつけられますか？（「保護者のためのインターネットセーフティーガイド」より引用）

□お子さんのクラス内の携帯電話の保有率を知っている

□日に何通ぐらい友人とメール交換しているか把握している
□一ヵ月の利用料金をだいたい把握している
□よく利用しているサービス名や運営会社名を二つ以上言える
□ホームページ開設など情報発信経験の有無を把握している
□有害サイトへの遭遇経験について把握している
□主にどんな目的で携帯電話を利用しているか把握している
□お子さんの携帯電話のフィルタリング機能を理解している

いかがでしょうか？　私はほとんど把握できていませんでした。ですから危険回避のための情報提供ができる立場にいなかったわけです。

親がよく知らない世界のことは、問題を未然に防ぐことがなかなか難しいものです。成績不振や遅刻の常習性がひどくなっても、どうしたらいいのか戸惑うばかりの方も多いことでしょう。解決が遅れたり、子どもにうまくまるめこまれたりしているうちに、問題が潜伏して埋もれてしまうこともあるようです。

一瞬に世界中と交信できるインターネットの機能は、今やビジネスに欠かせないツールとなっています。子どもたちがパソコン操作や携帯電話の機能に慣れて、スキルを磨くことが必要不可欠な時代にもなっています。

インターネットとうまく付き合っていくためには、専門家からの有効な情報も役立てながら危険回避のサポートが必要です。子どもたちの生活の乱れを防ぎ、よからぬ方向に流されないようにサポートすることも親の責務だと考えます。

携帯電話・インターネットの被害から子どもを守るためのサポート

▼親も情報収集し、積極的に危険性をつかむ。
▼放任しすぎずに子どもの生活を観察する。
▼子どもの存在や思いを尊重しながら、携帯やインターネットの危険性について親子で話し合う。
▼子どもを大切に思うが故に心配する面を伝えて、自律的な態度を育てることが大事。

◉子どもの優位感覚を知る効果

基本的に人はみんな違っていると思います。人の違いは優劣で判断するものではなく、人と人を比べるのでもないと思っていますが、ここでは私たちがどの感覚を通してものごとと向き合っているかについて考えたいと思います。個人における感覚器官の優位性を考えることは、きっと何かの障害と診断された人たちにとっても、ソーシャルスキルの獲得を目指している人や社会からさまざまなサポートを受けたいと思っている人たちのヒントになると思います。

総合的な学習の時間に視覚障害の方や聴覚障害の方と接してきて驚いたことは、たくさんあります。特に機能する感覚器官が鋭く発達していることを目にしてカルチャーショックを覚えました。視覚障害の方は点字によるコミュニケーション力や、安全な移動を支える音声などの識別能力の高さが抜群でした。特別講師に招いた視覚障害をもつ図書館職員の方は急ぎ足でも階段で転んだことがないそうです。私が勤めていた学校へは、電車を乗り換え、バスを使って支援者と二人で来てくださいました。

授業を終えて帰られるときに、「次はもう一人で来られますから」と話されたのには驚きました。一時間ほどの行程をどんな風に記憶しているのか分かりませんが、誰にも頼らずに来ることができると断言されたのです。正直お迎えするまではサポート態勢を大変気にしていました。しかし実際にお会いすると、私たちが見えない世界を感じとったり、ほかの感覚器官を研ぎ澄まして、刺激をたくさん受けて楽しまれていることも教えられ、子どもたちと一緒にこちらが勇気をもらいました。

私の教え子に読み書きが極端に困難だった三年生のC君がいました。音読では言葉のまとまりで読むことができませんでした。最初はふざけているのかと思えるほど五十音を拾い読みするような読み方でした。普段の会話はスムーズだったので、識字障害かもしれないと思い始めたのです。識字障害といえば、映画スターのトム・クルーズが有名です。この事実は世界中に大変な勇気を与えたと思います。文字の読み書きでは大変な苦労をするのだそうですから、台本の理解は特別な方法をとっていると何かで読んだ記憶があります。

C君は明るく運動好きの子どもでした。マンガのイラストを描くことが好きで、会話では積極性も発揮していました。年が離れた弟の世話で忙しいお母さんをよく手伝う優しさが私の胸を打つ毎日でした。

重点的な個別指導で彼の傾向を分析し始めた頃のことです。家で荒れるようになったとお母さんから連絡が届きました。今思い起こすと、ちょうどクラスの子どもたちが、みな漢字の書き取りテストに燃え始めていた時期でしたから、練習に励んでも思うように覚えられない焦りが、彼にあったのかもしれません。読み書きだけが苦手なのだと気づいた私は、トム・クルーズの識字障害と重なるものを感じました。

C君の気持ちが荒れて劣等感が大きくなることを食い止めたい一心で、私はお母さんに識字障害の可能性を伝えました。お母さんは、検査を受けて、しっかりサポートすることを希望されました。ご自分で役所を通して発達検査を受けさせました。

検査に半年くらいかかりましたが、結果はやはり読み書きの力だけが劣っているとのことでした。かわりに九歳の実年齢よりもかなり高い一三歳八ヵ月くらいの発達年齢を示す能力も見つかりました。ですからC君もことさら劣等感を抱いたり落ち込んだりすることはありませんでした。

検査機関から言葉の教室に通級して指導を受けることを提案されたようですが、四年生になっていた彼は通常級だけの学習を選びました。それでも、識字が苦手であることを知ったことで、家庭や担任の有効なサポートを受けることができるようになりました。何より彼の明るさと積極性が損なわれなかったことがよかったと思っています。

その後の私のクラスでは、社会のテストで一〇〇点を取った時の嬉しそうな様子がたまりませんでした。一〇〇点を取ることだけに集中するようなクラス運営をしていませんが、いつも五点や一〇点の子どもが「やればできる」と自信を持つ効果は絶大です。ご家庭でも可能性を見出したことと思います。それまでは何をどんな風にサポートして良いか困り果てていたようですから、現実を直視する効果がありました。

高学年では児童会の役員になったと担任から教えてもらいました。彼が積極的に活動している姿を見られてとても安心しました。そのまま識字障害を見つけられなければ、すべての教科で理解力に響いていたと思います。

子どもを相対評価するだけでは子どもの可能性をつぶします。多くの若者が「できない」と思いこんでいる裏には、幼いときからの相対評価にダメージを受けて、自信を失っている現状があります。また親の一言に傷ついた記憶が、子どもの足を引っ張っていることも分かってきました。子どもの存在価値を認めて尊重しながら成長を促すことが大切です。それには一方で個人の現状をしっかりつかむことが大切だと彼は示してくれました。

何も手だてをせずに、「彼はみんなと仲良くできるから生きていけますよ」とおっしゃる先生もいましたが、障害の現実を知らないでいたらどうでしょうか。成長したい気持ちがあっても、振り落とされるだけになっていたかもしれないのです。視覚障害の方に点字があるように、聴覚障害の方に手話があるように、本来の能力を発揮してもらうためには現状にあったサポートが必要なのです。現状をしっかりつかむことから成長が始まるのではないでしょうか。障害から目を背けたり目立たないようにするだけが手だてではありません。障害に対して有効なサポートを受けながら可能性をどんどん広げてほしいと強く思います。

そして障害の域に入るほどではないのですが、人が外の情報を処理する際には、五感の中で無意識に一つの感覚を優先しているケースが多く見られます。これを優位感覚といいますが、ごく最近になって私もコーチングに活かすようになりました。

コーチングの仲間と話していて、ある人に話の内容がなかなか伝わっていないと感じることがありました。コーチングに関することだから確かめるように質問が重ねられるのかと思いましたが、言葉のやりとりだけではなかなか理解してもらえないことに、少々焦る場面もありました。説明したことを十分共有できていない不安がありましたが、相手の方も同じように引っかかっていたようです。ちょうど優位感覚が話題に上がったときに二人でなぜか納得したのです。私の説明に相手の方はメモをよくとっていましたが、ノートにはほとんどイラストや図が描かれていたのです。このことからも、子どもたちの優位感覚を知って接することは効果があると思うようになりました。

二〇〇九年、共育コーチングの研究会では、優位感覚を取り上げました。お集まりいただいた先生方には、人の優位感覚にはそれぞれ違いがあると知ったことがよかったと好評でした。

「今まで何で通じないんだろう、何でこんなことが分からないのだろう」と評価をしてきたが、表現をいろいろな方向に広げて説明してみたいという感想が寄せられました。今まで支援しているつもりでも、なかなか通じなかった子どもたちの優位感覚に寄り添う先生方の姿が見えるようでした。ちょっとしたサポートのヒント、相手にアクセスする方法を得た分科会になったのではないかと思っています。

コーチングでは学習スタイルとして優位感覚を見極めます。アセスメントシートを元に自分をたな卸しした結果が点数化されることで、自分の優位感覚を知ることができます。これを使って調べると、私は身振り手振りが大きいせいか、周りからは触覚優位だと思われることが多くあります。いや、動作や反応がゆっくりだからそう思われるのかもしれません。私は話せばわかると思いがちな面がありますし、説明書を読むよりも人に聞きたがる傾向が強いのです。対面授業の学びの大きさをいつも実感しています。本を読んでの独学よりも、講師の声のトーンに反応していた学生時代を思い出すようになりました。私は聴覚優位か身体感覚優位かなと考えられます。

仲間のコーチで学校カウンセラーの山村真理子さんが、共育コーチング研究会のセミナーでは優位感覚を知る効果を伝えてくれました。コーチングの学習スタイルでは、視覚優位・聴覚優位・身体（触覚）優位・言語優位の四つに分けてチェックしていきます。子どもは視覚・聴覚・身体（触覚）でチェックします。

優位感覚の特徴や接し方のヒントを抜粋すると次のようになります。

〈視覚優位〉見かけを大切にする。絵やイラストを描くことが好き。メモをよくとる。図等をよく覚えている。記憶するときは絵にして覚える。接し方は写真、図など目で見る資料を使うと理解してもらいやすい。

〈聴覚優位〉相手の声のトーンに敏感。音楽や電話で話すのが好き。聞いて学習するのが好き。騒音があると集中しにくい。接し方は声の調子や言葉に気をつけて話す。雑音の多い場所は避ける。

〈触覚優位または身体感覚優位〉ゆっくりと話してもらうのを好む。動作や話がゆっくりしている。感触や雰囲気で物事に興味を持つ。接し方はゆっくりなペースに合わせる。スキンシップを活用する。

〈言語感覚優位〉論理的な説明や事務的なトーンが伝わりやすい。落ち着いた話し方をする。感情的に表現したり、感情的な話を聞くのは苦手。接し方は筋道を通して伝える。

どうでしょうか。お子さんの特徴に合いそうな優位感覚が見つかったでしょうか。

まずは、ご自分の優位感覚らしき特徴を見つけてみるのも面白いものです。お友達と一緒にご自分たちの優位感覚について話し合うと、違いが見えて自分の特徴がさらにはっきりすると思います。優位感覚を少し意識しただけでコミュニケーションが今までよりもスムーズになると思われます。

何と言っても「この人とは価値観が違う」なんて決め付けたり、「なかなか通じない」と悩むことがぐっと減ると思います。以前の私はよく、「何を言ってるのか分からない」と男性に言われることが多かったのですが、論理的に説明することがたいへん面倒でした。「主語は何？」なんてよく聞かれたものです。今は仲間が私の優位感覚を考慮してくれることもあって助けられています。お互いに共感しやすくなったと思います。ぜひお子さんや友達と試してみることをお勧めします。

子どもの優位感覚を知る方法

子どもの行動や態度を観察しながら、相手が受け取りやすい方法を探ることが大切です。話を聞いて学ぶことを好む、図や絵にすると理解が進む、といった情報を活かしてサポートすることをお勧めします。

参考資料「カウンセラーのコーチング術」（市毛恵子著　ＰＨＰ研究所）

第5章

「親力」を高めるために

◉イライラを抑えるコツ

日々のイライラから解放されたい、イライラする自分を変えたい、と思っていながらなかなか変えられないというのは、子育て中のお母さんの共通の悩みのようです。大抵の場合、子どもがお母さんの思い通りに動かない、勉強しない、というようなきっかけでイライラが始まります。困ったことに、このイライラのスイッチは、一度入るとなかなか自分でコントロールできないという怖さがあるのです。いけないと分かっていても、どんどんエスカレートしてしまい、子どもや夫に当たり散らして相手を打ちのめすまで、スイッチが切れないということすらあります。

息子が幼い頃、いつまでもぐずり泣きをしていた我が子に、思わず握っていた包丁をふりかざしてしまったことが忘れられません。さすがに殺意とまでいかないものの、脅しの感情があったことは確かです。たった一回でもずっと消えない傷として私の心に残っています。救われることは、そのとき三歳くらいだった息子自身が覚えていないことです。しかし、無意識の領域で、恐れの記憶は残っているかもしれません。

そんな痛みを私自身が抱えているものですから、お母さん方のイライラする気持ちはよく理解できます。子どもが思い通りにならないことでイライラしてくると、暴言を吐く、怒鳴る、手を上げるということが起こりやすくなります。そしてどの態度も、一人で子どもに接しているときにエスカレートしやすいという傾向があります。

私の知り合いのＯさんは虐待を疑われ、警察に通報された経験があるお母さんです。その方は、私から見るとさまざまな局面で機転が利き、とてもエネルギッシュで頭の回転が速く、たくさんのことをいっぺんにこなせるお母さんだと常々尊敬していました。

そんなＯさんから通報された経験について語られたときには、すごく考えさせられ、誰にでも虐待に陥る危険があるという思いが沸々と湧いてきました。Ｏさんに当時を思い出していただき、イライラから虐待に陥ることを食い止める方法を一緒に考えてみました。

当時のＯさんは幼いお子さんを三人抱えながら仕事を続けていました。ご主人もお勤めでしたから、帰宅後は一人でお風呂に入れ、食事をとらせたり寝かしつけたりと、やることが毎日団子状態に連なっていたのだそうです。そういえば、私も汗だくになって夕食の支度をしながら、子どもをせっついていた時がありました。そんな自分の子育てと重ねながら話を聞いていきました。

あるとき一人のお子さんがお風呂でいつまでもいうことを聞かないので何度も怒鳴りつ

けたそうです。いつまでもぐずられたり泣きやまなかったりすると、自分の声を聞きながらボルテージはどんどん上がっていくのだといいます。その日は最後にお子さんをベランダに出し、一時戸を締めたのだそうです。

この様子をご近所の人が心配して警察に通報したのです。警察官が玄関に現れたときは、家の中はすっかり落ち着いていたそうです。ですから、虐待を疑われたOさんは釈然としない思いで、ややふてくされ気味に対応したといいます。警察官は「通報があった以上お子さんを呼んでください。確認させてもらいますから」と、子どもの体に虐待の形跡はないかと確認してから帰ったそうです。

このときは、上のお子さんもまだ幼児だったようですから、三人の子どもをベルトコンベアーに乗せたように、物事が進むはずはありません。親の予定や段取りに関係なく駄々をこねる子どもがいれば、一度や二度は寄り添えても、一人ひとりに対応する余力はだんだんすり減っていくでしょう。怒鳴るときはどんどん気持ちが行き詰まって、爆発するのだと思います。

Oさんは今でも大声でせっついているそうですが、どんどんエスカレートして怒鳴りすぎていた事実は、受け入れようと努めていました。

Oさんが追い詰められて怒鳴り声のボルテージを上げたことは、だれでも共感できそうなことです。Oさん自身、自分の体験が虐待に至る経緯と重なるものを感じたと振り返ります。当時は虐待を疑われたショックもあって混乱したようですが、自治体の無料電話相談で気持ちの整理をしたともいいます。

「やっぱり誰かに怒鳴るのを止めてもらいたかったのだと思います。そうでないとあのようなときは止まらないと思うのです」

自立心が強いお母さんですが、さすがに一人では難しいものを感じていました。誰かに頼りたいのに家には誰もいない。

「私は一人でこんなに頑張っているのに、どうして子どもたちは言うことを聞かないの？いい加減にしてよ。誰か止めてよ。助けてよ」

誰に叫んでいるのかも分からなくなるような気持ちだったにちがいありません。

「その頃の自分にかけてあげられるとしたら、どんな言葉をかけてあげますか？」と私が尋ねると、「頑張っているね」と言って目を潤ませました。その頃のご自分が愛おしくなったのでしょうか。そんなことを話し合った後日、Oさんから届いたメールをご紹介します。

「今は、大声でせっついていても、叱っていても、叱りすぎないようにどこか頭の隅でブレーキがかかります。それはきっと、あの苦い経験で自分の怒りを知ったので、（私、今イライラしているな。これ以上叱るとまずいな）と冷静になることができるのでしょう」

必要以上に叱ってしまったときには、行き過ぎたことを認識し、そのつど、反省することが大切です。ボルテージが上がり過ぎると、最後は無意識のうちにどんどん叱りつける＝虐待につながる恐れがあります。

Oさんも無我夢中だったのでしょう。だから、警察が来て我に返ったときに、釈然としなかったのかもしれません

おそらく虐待に走るお母さん方は、頑張っているつもりでもうまくいかず、追い詰められていった結果なのではないでしょうか。自分が追い詰められる過程では、一人で子育てを背負っていることもあって、大人目線で行動させてしまうことも多く、子どもは緊張感を強いられ、不安感でますます動けなくなることがあります。

動き方が分からない、スピードについていけないなどで黙っている子どもを叱り付けているお母さんを見かけます。「やさしくやって見せ、やらせてみてはじっと待つ」ことができていないこともあります。幼児が大人のように動けるはずはないのですが、教えてもいないことを、子どもができないと責めまくっていることはないでしょうか。よくよく思い出せば、私もそんなことが多々あったと反省しています。ですから、イライラする気持

ちも、その気持ちが高じて怒鳴り散らすことも、行き過ぎたせっかんをしてしまいがちなことも、みんな紙一重ではないかと思えます。

ぜひお母さん方には、同じような立場の友達や先輩を見つけて情報交換をしてほしいと思います。単に愚痴を吐き出し合うだけでもいいと思います。結構みなさん同じような経験があって共感し合えるものです。そういうお友達がいるだけで孤立感から脱することができますし、自分を否定せずに認めることができると思います。

どうしてもお友達を見つけにくいとか事情がある方は、無料電話相談に電話をする方法もあると思います。Oさんはよく電話相談をするそうです。警察官に虐待を疑われたショックも、電話相談で吐き出して癒されました。

もしかして、誰にも言えない、誰かに頼ることは恥ずかしいと考えている人もいるかも知れませんが、子育て中のある方は「自己開示が自分を楽にした」と言っています。

私からは、お母さん自身が自分に優しくする方法と子どもに優しくする方法の、二つの方法を提案したいと思います。

お母さんが自分に優しくする方法は、愚痴でもよいので実情を誰かに話して、お母さん自身を慰めること。子どもに優しくする方法は、子どものペースに合せて何事も急がない

ということです。子どもたちはうまく立ち回れなくて当然。子どものペースに合わせて待ってあげてください。どんなに待っても、まったく眠る時間を失うほどのことはないはずです。また、覚えやすい標語を思い出して、力を抜くこともお勧めです。

例えば、初めてのことをしつけるときは、「やって見せ、やらせてみてはじっと待つ」という言葉を思い出してください。それを唱えるだけでふっと力が抜けます。

すでにやれるはずのことを促すときは、「焦らず苛立たずじっと待つ」という言葉がお勧めです。子どものペースに合わせるきっかけになります。

どちらも「じっと待つ」が入っています。これは子育て支援団体「ぴかぴか」（＊）

のお母さんたちも推薦する方法です。子どもに寄り添い、子どものペースに合わせる方が、結果的に事がうまく運ぶ、ということを実感しているからこその推薦だと思います。

自分自身と子どもに優しい方法を取り入れて、どんどん余裕が出てきた方は私の周りに多くいらっしゃいます。この提案は私からというより、みなさんと同じ立場のお母さん方からの提案でもあるのです。

＊「ぴかぴか」……コーチング講座を受けた仲間が集まって設立した子育て支援団体。

忙しいお母さんのイライラを解消する方法

▼頑張っている自分を肯定する。

▼情報交換や共感し合える友達を見つける。（誰もいなければ電話相談もよし）

▼子どもに求められたら向き合って話を聞く。相手をする暇がないときは、相手をできない理由を子どもに説明する。

▼ゆっくり焦らずに家事をこなす。（家事はそこそこ抜けても生きていける）

◉怒りや不安の感情とどう向き合うか

「お子さんを洗濯槽に放りこむことをまだしているのかしら？」

「キャー、ハハハ、そんなこと忘れていました。そういえばそんなことしていたのですね」

Yさんがおかしくてたまらない、というような様子で笑い転げました。私が接してきたお母さん方の変化に接して、こんなに嬉しかったことはありません。しかも緊張しやすいYさんが笑い転げるなんて、とても想像できないことでした。Yさんがさらりと、「ぐずる子どもを洗濯機に入れた」と話したときの驚きは、まさに筆舌に尽くしがたいものでした。ですから、そんな日常が続いていることを心配していた私の目に、笑い転げているYさんが飛び込んできたときを想像してみてください。どんなに私が嬉しく、安堵したか、共感していただくのも難しくはないと思います。

子育て中は不安やイライラのせいでYさんのように、極端なしつけや行き過ぎ行為を繰り返してしまう危険があります。大家族があたりまえの時代でしたら、エスカレートした感情を止めてくれたり、慰めてくれる人もいましたが、今はおせっかいを焼いてくれる人もなかなかいません。だからといって、あきらめないでほしいのです。Yさんのように変わることができるのですから。

Ｙさんのように大きな間違いから卒業できたら嬉しいと思います。子育ての日々を楽しみながら生活できることも素敵だと思います。そんなゴールに期待しながらＹさんの事例を読んでみてください。今、Ｙさんは子育てに戸惑っていたり、苦しんでいたりするお母さんの役に立ちたいといいます。私がこの本を書き始めていることを知って、私も知らなかった経緯を開示してくださったのです。

ある子育てコーチング講座の終了後、表情の暗いお母さんが近づいてきました。

「少しご相談があるのですが、よろしいですか？　子どもが自傷行為を繰り返しているんです。下の子の世話が忙しくて、かまってあげられない時期があったことが影響したと思うのですが、どのように対応したらよいのでしょうか」

このＹさんの他にも講座終了後、個人的なご相談をうけることがよくありました。お一人おひとりは身につまされているのでしょうが、大抵はご紹介したスキルを使ってみていただくような話の展開になります。しかし、Ｙさんのようなカウンセリングの領域に入るお話には正直簡単には答えられません。まず聞き取った事実を要約して確かめさせていただきました。Ｙさんはカウンセリングにも通っているというお話でしたから、自分ひとり

で抱えずに第三者の目線を活かそうとしていました。その調子でかかわってい
「頑張っているのですね。今日ご紹介した対話方法も取り入れ、その調子でかかわってい
けば大丈夫。だんだんよい方向に向かうと思いますよ」
こんな言い方をして別れ、次の週には実践を振り返りながら、またコミュニケーション
トレーニングを繰り返すという具合でした。

Ｙさんは子どもを持って初めて、子育てに全然関心がなかった自分に気づいたといいま
す。大家族で育ったようでしたが、親になってみると、あまりに子どものことを知らなかっ
たと振り返っていました。これは私のように子ども好きでも同じですから、Ｙさんが特別
だとは思えません。最初の子どもを持って初めて途方にくれる人は、たくさんいると思い
ます。私には本を読んではその通りにしようとする力みがありましたが、Ｙさんはほかの
お母さんが怒鳴ったりたたいたりするのを見かけると、「そうしていいんだ」と思う傾向
が強かったようです。あまりに疑問を持たずに真似をし、イライラにまかせて、たたいた
り怒鳴ったりしていたことに最近気付いたようです。

ただ怒りにまかせてとんでもない行動をとっていた要因には、次のような気の毒な事情
もありました。下のお子さんは生まれつきの内臓疾患ゆえにずっと入院治療が必要だった
こと、ご主人が会社で大きな問題を抱え、うつに悩まされていたこと、この二つの問題に

直面しているうちに、上のお子さんが自傷行為を繰り返すようになってしまったのだそうです。

こんな状態を抱えているYさんは、何か自分の思い通りにならないときにイライラが募って、怒りのバーが上がりきってしまう悩みを抱えていました。

本人には罰の意識がなく、ついつい子どもが嫌がることをしてしまう傾向があったといいます。下のお子さんが洗濯機の音を嫌いだとすると、洗濯槽に放りこむようなことを思いつくのでした。怒鳴り散らしたり、洗濯槽に放り込んだり、極端な行動に出てしまうほど怒りが収まらなかったようです。

Yさんはいつも「怒りのバーが上がりきる」という表現をしますが、どれほどひどいことをしていかという意識は足りませんでした。上のお子さんの自傷行為などについては、かまってあげられないことだけが、主な原因だと思っていたようです。

動物にとってのスキンシップの重要性については、米国の心理学者ハローの実験が有名です。スキンシップをとる、つまりやわらかく温かい存在と触れ合うと、行動力が引き出されるというものです。人間で考えてみても、幼少期にスキンシップを十分とっていると、前向きに人生を乗り越える力が育つ、ということを想起させる実験データだと思います。

Yさんが時間を埋め合わせるように変わり始めたことは、必ず好結果を生むと感じたものの、怒鳴り散らしたり罰を与えたりするような態度が、子どもの行動力を奪うことにはまだ気付いていなかったようです。上のお子さんと二人きりになる時間を大切にし始めましたが、コミュニケーション・トレーニングの最中に「洗濯槽に入れた」というようなことをさらっと言ってのけるのでした。

Yさんは、私のトレーニングを受けながら、ほとんどのお母さんが自分の子どもに対してイライラしがちであることを知りました。母親がわが子を愛するがゆえ、期待するがゆえ、思い通りにならないと苛立ってしまいがちであることに、ほっとされていました。これは決してほめられることではありませんが、誰でもそうなりがちであることを知って、極度の劣等感から開放されたのです。現状を共感し合えたことで救われたのではないでしょうか。

私には、Yさんが何かの事情に翻弄され、自己弁護したいような気分と、子どもの自傷行為に焦っては自己否定する葛藤の渦に飲み込まれているという印象がありました。背中をやや丸めた姿や表情の暗さから、不安や恐れを伴った極度の劣等感も伝わってきました。しかし、Yさんにどんな事情があるにせよ、洗濯槽の話では、少し見方や考え方の角度を変えていく必要があります。下のお子さんへの行為だとしても、怒鳴ったり罰を与えたりする態度は、子どもの不安感や緊張感を更にあおっている可能性があるからです。ただこの点では、お子さんとの時間を大切にし始めているYさんですから、望む方向にどんどん変われると信じてもいました。

何かしらの事情で満足の行く世話をできないことはあるでしょう。それでも子どもと向き合ったときには、罰よりもできたことを認めてほしいと思います。回数や時間の長さではないのです。向き合ったときに愛されている、大切にされていると子どもが実感できれば、親の一生懸命さを理解し、我慢強さや思いやりが育つと思います。苛立って怒鳴り声で脅し、罰を与えても何もよい結果は生まれません。多くの子どもにかかわってきた私の経験では、安心感の中で期待されているとか、認められているとかを実感できている子どもたちは、果敢に挑戦する意欲を発揮しました。

どんなに忙しくても何を優先したとしても、子どもと向き合うときには子どもが安心できるペースに合わせ、子どもの思いを大切にすることはできるはずです。

お母さん方が子どもといるときの場面に活かせるように、どんな対話でやる気がわくかを確認していきました。みんなで自分の考えを出し合いながら、実感的に学ぶトレーニングを繰り返したのです。どんな風に聞かれたら安心して話せるとか、どんな風に言っても

らうと背中を押されるとかなど、聞き方や言葉かけを学ぶ方法です。

このトレーニングの時は、子どものペースに合わせて「待つ」ことや、子どもが宿題に取りかかる時間を「選べる」ようにしたり、判断や役割りを「まかせる」ことが子どもの自発性を引き出すことを知りました。そして、何よりも子どもの丸ごとが大切であることを伝えることから始め、少しの変化でも認めてあげることが、更にやる気を引き出すことを認識していきます。

自分の子どもへコミュニケーションスキルを試しながら、効果や成果をつかんでいかれたのです。子どもの反応がお母さん方の指導書になるのでした。親子でどんどん変化し始めました。

さらにYさんはほかのお母さん方と手を携え、自分の体験を同じような子育て中のお母さん方の役に立てようと思い立ったのです。このときから急激に表情が明るくなりました。家事以外のボランティア活動に時間を割くようになっても、かえってお子さんが喜ぶようになったともいいます。

自傷行為を繰り返しているという娘さんについては、二人きりの時間を大切にしている様子や、担任の先生にもお願いしてサポートを受けている様子を聞いています。最近では、どんどん娘さんの自傷行為も軽減されてきたようです。Yさんは今の状態に焦らず苛立たずに、お子さんたちに向き合っているようです。洗濯槽に入れられたこともある下のお子さんがぐずったとしても、ひざに抱き上げてゆっくり気持ちを聞いて対処しているそうです。ぐずった気持ちを理解できたと喜んでいる話も聞いています。「丸ごと大事だよ」と抱きしめて、ゆったりと親子のスキンシップを楽しめる余裕も出ているのだそうです。

Yさんが混乱から抜けて一歩一歩前へ進めるようになったきっかけを分析すると、大きく二つのことが読み取れます。一つには他のお母さん方と話し合うようになって、自分のあるがままを受け入れられたこと。もう一つはお子さんの思いに寄り添って、待ちながらよく聞けるようになったことです。

ほかのお母さんも同じように悩んだり課題を感じたりしている現状に触れ、娘から自傷行為を突きつけられて、自分を責めていた罰から開放されたようです。過去の時間は変えられません。まずは焦るよりも向上する方向に向かったことが、大きな変化を生んだのだと思います。そうなればどんどん向上しようと努力することが成果につながっていくものです。成果が更なる向上心を生む流れができました。

悩んだり落ち込んだりしたときは、ちょっとでもできることからプラスの行動をとることで内面が変わります。笑顔を作ると楽しさを感じるように、脳の機能で意識を変えることもできると考えられています。よく聞いて受け止めることでお子さんも落ち着くでしょうし、Yさん自身のゆとりと喜びが多くなったことも想像できます。

自分の経験が他の誰かの役に立てれば嬉しいと考えているYさんです。今は怒りのバーが上がったときは、少しお子さんのそばから離れることにしているそうです。五分ほど頭を冷やすと、またやさしく接することができるといいます。以前は二十分ほどかかってお子さんを不安にさせていたそうですが、お子さんもだんだん慣れてきたようです。このようなことを笑いながら語り合えるようになって、私は本当に嬉しく思います。

Yさんのようにアクシデントに翻弄されそうなときは、優先順位で動くしかないと思います。誰でも理想的な対応をしたいと思っていますが、できないときはできることを精一杯やるしかない場合があります。上のお子さんを置いて下のお子さんの治療に付き添っていたことはしかたがありません。Yさんの場合は焦り過ぎて下のお子さんに対しても、とんでもない行動をとっていました。まったく悪気がなかったことに、私はショックを受けたくらいです。

それでもYさんは子育てでもつれた糸をほぐし始めることはできました。一人ひとりのお子さんにじっくり向き合うことで、落ち着きを取り戻せました。お子さんの成長がはっきり見えるようになりました。間違いに気付いたらYさんのように変わればいいのです。Yさんは自分を責めるのではなく、自分の頑張りを認めてもらうことで、客観的に間違いを修正できるようになりました。このことは、子どもだけでなく、大人も認められることで、意欲が引き出されることを物語っています。その成果をご家族だけでなくほかのお母さんたちのためにも役立てようと、今は立ち上がりました。

子育てのゴールが自立だとすれば、自主性、自発性、責任感を育てたいと思います。学力をつける上でも、伸び伸びとゴールに向かえるような態度を育てたいと思います。そのためにも子どもへは優しいまなざしと愛情あふれるスキンシップが大切です。学齢期なら手をつないだり抱きしめたりするくらいはできます。ぜひスキンシップの効果を侮らないでほしいと思います。

そしてスキンシップとは一見矛盾するようですが、子どもは親とは別人格であることを心してほしいのです。母親の思い通りにしようと思わないでほしいと思います。本人がどんな思いを持っているのか、じっくり向き合ってよく聞き、寄り添って受け止めることからはじめたらよいと思います。そのこと自体が子どもには大切にされているという安心感を与え、自分の思いが尊重されているという自信となるのです。

それができていれば、悪いときには叱られても諭されても、素直に行動を振り返ることができます。学校や社会で少々つらい体験をしても乗り越えるエネルギーが湧いてくると思います。

子どもの精神的なエネルギー源

▼温かさや優しさを感じる人に触れていると、人や社会とかかわる勇気が湧く。
▼罰よりも認めてもらうことでやる気が出てくる。

◉聞く力を高めるトレーニング

私はコミュニケーション力向上セミナーを開いていますが、その内容は相手の話を聞くトレーニングが中心です。相手の立場や思い、考えをできるだけ理解するように耳を傾けることが、コミュニケーションの第一歩だと考えるからです。理解が進むにつれて共感も広がります。完全なる共感は無理だとしても、できるだけ相手に寄り添い、理解しようと努めることによって、自分との違いにも共感できるようになると私は考えています。

トレーニングを受けるお母さんたちに、

「今、あなたのお子さんが何を望んでいるか分かりますか?」と質問してみます。そうすると多くのお母さんたちからは、

「そう言われると、子どもが何を望んでいるのかよく分かりません」という話が返ってきます。子どもの望みだって聞いてみなければ分からないものですし、子どもが望んでいることを聞くことは、親の最も重要な仕事だと思います。

かつて中学生の家庭内暴力や校内暴力が騒がれた時期がありました。ある教員研修では、

中学生になってから登校拒否と家庭内暴力で、カウンセリングに通っていた子どもの事例が取り上げられました。

三年くらい同じ状態が続いていたものの、心の闇から開放され、少しずつ回復傾向が出てきたときのことだったそうです。その中学生の口からは録音したテープを再生したかのように、細かい記憶が次から次へと語られたのだそうです。

「四年生の何月何日何時に友達と約束していた場所に行こうとすると、そんなところに行くより塾の勉強をしろと約束を破らされた」

「一年に一度のお祭りに友達と行こうとしていたら、そんなことは無意味だと言って、塾を休ませてくれなかった」

ざっとこのような話でした。子どもだといっても、自分の思いを否定されたり踏みにじられていると感じると、いつかわけの分からぬ怒りや不満となって、噴出しやすいことを物語っています。

あまりに細かく日時や状況を覚えていたので家族は驚いたそうですが、とても刺激的な事例でした。そして、そういった事例が極端ではないことも講師から聞きました。家族が世間には知られないように隠していることも多く、解決が難しいという指摘もありました。

このときの研修では、幼児期から思春期までが人の土台や軸をつくる大事な時期であることを実感させてもらいました。私たち大人が、いつの間にか子どもに悪影響を与えているかもしれない怖さを知った研修でもありました。

以来、私は子どもが自主的に行動する機会を大切にするようになりました。大人が子どもに判断を押し付けるとき、その子にとって良かれと思っています。しかし、この時期の子どもにとっては、生活すべてが将来やりたいことのリハーサルであったり、実験の場であるのだと思います。子ども時代にたくさん失敗しても、それは成長の糧となる大切な経験なのです。


子どもが歩き始めたときを思い起こしてください。転んでも「ダメな子ね」とは思わず、ひたすらそばで祈るように応援していたにちがいありません。子どもは、一生懸命トライして転びながらも二、三歩歩き、よろけながら親に飛び込んでいきます。子どもが歩きたいと思うエネルギーのすごさを忘れてはならないと思います。未発達の能力を開花させるだけのエネルギーが存在しているのですから。

歩くことは、子ども自身が五感を使って能力を勝ち取るしかないことです。同じように、子どもの生活に対してアドバイスをすることは必要だとしても、子どもが自分自身で生きる力を奪い取らないことが大切です。親の価値観は、ときに子どもの未来を狭めてしまう恐れがあるということを、私たちは認識すべきだとも思います。

コミュニケーションにとって、「聞いてみなければ分からない」ということがどんなに大切か、強調し過ぎることはないくらいです。良き理解者になりたいと思う人も、効果的な対話力で相手の力を引き出したいと思う人も、自分の考えをわきに置いて相手を理解しようと努めたならば、きっと聞くことの大切さに気づくことでしょう。そして、「聞いてみなければ分からないものだ」ということを理解できると思います。

子どもの能力を伸ばしたい、とおっしゃるお母さんたちが増えています。子どもの意欲を引き出す環境を整えたいならば、まず子どもの思いを「よく聞いてみる」ということをあらためて思い起こす必要があります。

メディアから流れるどんな情報よりも、まずはあなたのお子さんが何を望んでいるか、どんな気持ちでいるかをキャッチできるように、聞く力を身につけてほしいと思います。

確かに私は効果的なスキルもご紹介していますが、聞く力をつけるために最優先したいことは、「答えは相手の中にある」ということです。自分の考えをわきに置き、相手は今何を望んでいるのかの一点に集中して話し合えば、相手の思いや考えが必ず伝わってくるものです。自分とは違う思いや考えを認めて共感できることも増えます。

相手の思いや考えを聞きとるコミュニケーションの練習は、周りの誰とでもできます。相手を理解しようと耳を傾ければ、相手も同じような聞き方をしてくれるようになります。人は聞いてもらえば聞く余裕も出て来るものです。

どうか聞くことの大切さを再認識し、聞く力を磨いてください。きっと子どもの思考力を伸ばすことに役立つと私は確信しています。

◉まずあなたのゴールを描いてみよう

子どもたちが目的や目標をつかんだときの素晴らしさは、私の想像を超えたパフォーマンスによく表われました。そういう時に感じた子どもへの畏敬の念は、「子ども一人ひとりにはとてつもない可能性がある」という確信につながりました。

一人ひとりの思いや表現の違いに出会うたび、それぞれに見ている世界が違うということにも気づかされます。私が傾倒しているプログラムTPIE（＊）のトレーニングで聞いた「子ども一人に一つの宇宙が存在する」という言葉は、一人ひとりの子どもに潜在する無限の可能性をよく表現していると思いました。私たち大人が考える狭い世界観の中だけで、子どもたちの可能性を奪うことだけはしたくないものです。

人は、自分が望んだところに向かっている限りは、エネルギーを枯らすことはありませんが、誰かからの強制ではエネルギー切れがいつか来るように思えてなりません。例えば食べたいものが浮かぶと、それを食べられる方法やお店を見つけようとするエネルギーが生まれます。それに付随してそれまでは目につかなかった食材やお店が見えてくることもあります。

また、つらい痛みや環境からの解放を望む気持ちもエネルギー源となり得ます。それはつらい環境から脱出した喜びがゴールの映像として浮かぶからです。

私の父は、極寒のシベリアで洗脳と過酷な強制労働に遭いながらも、復員できた理由が温かい白いご飯を食べたいという気持ちがあったからだ、と教えてくれました。新婚生活を引き裂かれて一〇年の兵隊生活を耐えられたのは、家族とともに白いご飯を食べている映像だったのだそうです。今の時代では考えられないほど過酷な時代を乗り越えられたエネルギー源が、白いご飯を食べている自分の姿だったというのがとても印象に残っています。

子どもに意欲を出してほしい。親を超えてでもぐんぐん伸びてほしいと願うならば、何がその子の頑張る力を引き出すのかを考えてほしいと思います。

そこで、まずはお母さんがゴールを設定して生活することを提案します。明日一番楽しみたいことを思い描いてから眠りにつく。または、目覚めた瞬間に、今日楽しみたいことを決めてイメージしてみてください。

私はなかなかリクリエーションの時間が取れないので、よく映画鑑賞を自分へのご褒美にします。忙しい最中でも、「えい今日は映画を楽しんじゃおう！」というゴールを描くのです。私はグータラママと呼ばれる位なのですが、映画に行くとなると、早朝からさっさと家事を片づけている自分に変わります。映画はまさにその日の私へのご褒美として、満足感を与えてくれます。

私は、家事を頑張らなくてはならないという「ねばならない」式エネルギーが、すぐに枯れてしまうタイプです。ですから、もう一つ楽しめるスケジュールを追加する形でゴールを設定し、そこに向かうエネルギーで一日を充実させることがよくあります。楽しみの前には家事もさっさと片付けられる方なので、そういう自分を丸ごと認めてお気楽に過ごす傾向があるようです。

朝から几帳面に家事をこなし続ける健気なお母さんにも、是非ご自分へのご褒美を与えてほしいと思います。家族に悪影響が出ないご褒美ゴールを設定して、日々をエンジョイ

する習慣をつけてみてはいかがでしょうか。

お母さんが犠牲を払ってくれているように見えるよりも、一日をエンジョイしているように見える方が、子どもたちは喜びます。人生に勇気や期待感を感じるからではないでしょうか。

ゴール設定のキーワードは「こうしたい」「こうなりたい」「こうありたい」です。英語で言うと want to であって have to（〜すべき）ではないゴールの設定方法です。

お母さん自身がゴール設定の効果を実感するようになれば、しめたものです。人のエネルギーがプラスの方向に反映されるときの条件に気づくからです。きっとすでにお母さんの中に宿っている知恵であるともいえます。今までのご自分の経験からも理解されることだと思います。

つまり、子どもに親を超えて伸びてほしいのなら、親が望むことではなく、子ども自身に芽生えた望みや夢を大切にすることが、最優先されるべきです。そして親ができる最高のサポートは、子どものゴール像に向けたサポートであるということなのです。

幼い頃からプロで活躍することを夢に描いていたイチローのキャッチボール相手を務めたお父さんや、ゴルフの練習に付き合った石川遼君のお父さんは、子どものために親ができる最高のサポートを見せてくれたと思います。

あなたにはあなたのサポート法があるはずです。まずは、子どもが描くゴールを知らずに否定しないことが大事です。将来の大きなゴールをはっきり意識できていないお子さんもいますから、まずはお子さんが好きなことやのめりこんでいる世界を大切にしましょう。ケチをつけたり取り上げたりせず、むしろ一緒に楽しむことをお奨めします。つい否定してしまったならば、「あなたが頑張っている姿に心が動いたから、これからは応援するね」と、約束してもよいでしょう。子どもがサッカーにのめりこんでいるならサッカーへ、ブラスバンドにのめりこんでいるならブラスバンドでの活躍を応援してあげましょう。

子どもが好きなことにのめりこんでいるときは常に「もっとこうしたい」「もっとこうなりたい」「勝ちたい」というステップのゴールを持っているはずですから、知識や技術

を駆使してパフォーマンスを上げることに努力していると思われます。まさに社会での生き方、社会で能力を発揮するリハーサルをしているようなものです。とても大切なプロセスだと思います。

子どもが未来のゴールを目指すようになれば安心です。ついつい転ばぬ先の杖と思って口を出すと、かえってドリームキラーになることもあります。そっと見守ることも一つの選択で、子どもからサポートを頼まれた時には応援が必要です。

近頃はメディアの発達で、情報の氾濫を訴えるお母さんが多くなっています。何を信じればよいのか迷いが多いと聞きます。「何歳までに○○したほうがよい」という情報があると、その通りにしなくてもよいと考えながらも、できない自分への自信が崩れ、イライラを覚えるといいます。ときにはお子さんへ当たり散らしているという話も聞きます。どの情報を受け入れるか受け入れないか、判断を自分の外の基準にゆだねると情報に振り回されるかもしれません。しかし、自分の中の基準をもとに「こうありたい」「こうなりたい」というゴール像を描けば、いらない情報は無意識のうちにシャットアウトされ、自然と必要な情報は入ってくるものです。自分の人生、自分の子育てを自分の考えで実践していきましょう。

そして最優先することは、お子さん自身がゴールを描いて生活していることを見守ることです。子どもにはゴールを目指す力があること信じ、命の危険にかかわること以外は、口を出したり反対したりして邪魔をしないことだと思います。親が子どものためと思って邪魔をしていることはよくあるものです。

私の子ども時代にはパソコンも携帯電話もありませんでした。二〇年前にパソコンで遊び呆けていた子どもが今やＩＴ産業の雄になっているかもしれないのです。子どもが育つ未来に過去の知識だけで邪魔をしないでほしいと思います。お子さんが生き生きとした目で伸びている姿や、親を超えて無限の可能性を発揮して活躍している姿を想像してください。そんなときのお子さんにははっきりとしたゴール像と、そこへ向かって成長している自信が溢れていると思います。

子どもの未来を邪魔しないためにも、お母さんにはお母さん自身の未来像を描いて向かってほしいと思います。何をすればよいかではなく、「自分がどうありたいか」、「自分がどうなりたいか」をはっきりさせて生活してみてください。ゴールを描くことによって、あなたにしかできない、子どもへのサポートができるようになると思います。身近なお母さんが生き生きしているのは子どもにとって嬉しいものです。自分の将来にも期待感が湧き、希望が見えるからです。

まずはお母さんがゴールを描いて生活する練習をしてください。お母さん自身が決めたゴールを、朝晩一回ずつでもイメージしてみるのも一つの方法です。なかなか前向きにゴールを描けないと思われるお母さんも、赤毛のアンのように想像力を発揮して「こうありたい自分像」「こうなりたい自分像」をはっきり映像にして勇気とエネルギーを手に入れてください。未来は創ることができるのです。ゴールを描く効果を実感すれば、お子さんがゴールに向かうことを、きっとサポートできるようになることでしょう。

＊ＴＰＩＥ……コーチの世界的最高権威ルー・タイスと苫米地英人博士が世界の科学者の協力を得て、最先端の機能脳科学と認知科学の研究による成果を反映させた自己実現プログラム。

◉親こそ一番の教育環境

子どもは親のうそや矛盾をよく見抜きます。私は教師として小学生の子どもたちから、お父さんやお母さんの様子をよく聞いてきました。

「昨日パパは酔っ払って裸で寝ていたんだよ。おかしいでしょう」

「僕はお父さんが大好きなんだ。お父さんは毎日お母さんにキスをしてから会社に出かけるんだよ」

楽しそうに家庭の様子を教えてくれる子どもたちは、とても朗らかでした。二人とも男子でしたが、つらい思いをしたときも、ゲームに負けたときも友達を責めることなく受け入れていました。毎日とにかく明るくて前向きでさわやかでした。負けたり失敗したりしたときも、根気よく頑張り出すというポジティブな姿が印象に残っています。

一方、いつもテストでは百点の男子が九八点で泣き出し、「これじゃお母さんに怒られる」と言われると、なんとも行き場のない思いを感じたものでした。そういうお母さんはとても礼儀正しく、すべてについて完璧を求めていました。

私には「成績で文句を言ったことはないのですが……」と言いますが、家では国語や算数、理科、社会の成績については不足ばかりを気にしているようでした。

小学校の中学年までは結構親の言いなりになっていられる子どもも多いのですが、高学年からはだんだんに反発するか、親の目を盗んで非行に走る子どもが出てくるものです。自分が望むことに向かって努力するのと、親の望んだレールに乗せられているのでは、やる気や学習の持続力に大きな違いが出てきます。それだけならまだいいのですが、親の望む方向にいやいや努力しているにもかかわらず、親から不満や非難を浴びせられて怒りがわき、家庭内暴力を引き起こしたなどという例はよくあります。

九八点や九九点で泣いていた子どもは、中学生のときに面白い反発をしました。近所の人に「僕のお母さんは頑張ったことをほめてくれたことは一度もないんだよ。百点じゃないと必ずけなすひどい親だよ」と言いふらして回ったそうです。お母さんは参ったそうですが、子ども自ら心のバランスをとろうとしていたことがよく分かりました。笑い話のような出来事ですが、彼はそうやって乗り切っていきました。どこかに向かって思い切り、「バカヤロー」と怒鳴って解決する子どももいます。教え子が自分の知恵でガス抜きをしていたことを知ったとき、私はその子どもに対して初めてほっとしました。

子どもには勉強を強いていながら、両親がそれぞれに勝手な生活をしているケースもあります。子どもの不運はさまざまですが、やり場のない気持ちを遊びに向かわせることで欠席が増えたり、不純な行動が増えたりした結果、退学させられる子どもも結構います。中高一貫の厳しい女子高でも、そういうケースによる退学者が出ています。私の娘の高校でも同じように荒れていったお嬢さんがいましたが、やはりご両親の関係に原因があったようです。ご両親がそれぞれに恋人を作って夜の帰りが遅いなんて、子どもがかわいそうでたまりませんでした。

離婚して子どもを引き取ったのに、掃除一つしないで外で男性と遊んでいるお母さんもいました。離婚は仕方がないと思いますが、話すこととやることの開きが大きくて、子どもの情緒はいつまでも安定しませんでした。お母さんがどんなに着飾っても、言葉を飾っても、子どもの体が悲鳴をあげていました。そういう子には登校拒否やアレルギー症状が見られました。

また、医学部に進学することだけを求められた子どもが、凶悪な犯罪を犯した痛ましい事件もありました。本人の思いが尊重されずに、親の虚栄心を満たすためだけに頑張らされていたことが伺えます。

じつは私にもお恥ずかしいことがありました。高二の息子に家庭のことでとても心配をかけてしまったのです。友達のお宅でのホームパーティーに呼ばれたときのこと。フルタイムの教師をしながら主婦業もこなしていた私には、時間をつくることは簡単ではありませんでした。それでもだんだんに目が届かなくなった息子と二人で、お友達の家にお邪魔することは大変ありがたかったのです。

楽しいホームパーティーが続く中、息子を大事に思ってくださるみなさんの話し向きに、何だか釈然としない感覚が湧き上がってきました。もしかしてと思って疑問を投げかけると、あるお父さんから、

「大石君の話を聞いていて心配だったんですよ。うちはだめかもしれない、と言うもんですから……」

お話を聞いたとたん、穴があったら入りたい気持ちでした。息子は家庭が暗いと周囲に悩みを漏らしていたようなのです。それを心配してくださったお友達のお父さんやお母さんたちが、集まって励ましてくれていたのです。私のためにパーティーを開いてくださったのでした。一瞬にして汗が噴き出すような感じでした。

私は子どもを不安にさせていたようです。みなさんが息子の話をオーバーに受け取っていた点もあるのですが、確かに家の中は明るくなかったかもしれません。受験が迫る中で安心感を与えてやれていなかった私は、母親としての能力に欠けていたと思います。

共育コーチング研究会では、思春期の子育てに生かす思春期コーチングも実施しています。仲間の畑さち子さん、岡野洋美さん、小澤則子さんの経験談を伺うと、子どもが親に話をせず、話せば口げんかになりやすい思春期の子どもを抱えた家族の姿が、浮かび上がってきました。考えてみれば、成績のことで親と先生にだめ出しばかりされていれば、話したくなくなる子どもの気持ちも分かるような気がします。

一方、親は子どもが幼かったときのイメージで我が子を見ていることが多いものです。自分の所有物ではないので、自立に向かって独り立ちさせたければ、そっと見守ることも必要なのですが、いつまでも子ども扱いしていては反発されても仕方ない面があります。

何があっても味方であることや手伝う用意があることを伝えて見守るということも大事です。子どもは親が決めたレールからはみ出し始めたり、自分の考えで判断したくなってくるものです。自分で考えて動くことに慣れないので時間がかかるかもしれませんが、それでも見守って、自主性や自己責任で行動することができるように応援したいものです。

思春期は認め続けるだけでよいかもしれません。子どもを認めていることをカードに書いて冷蔵庫に貼っていたという仲間がいます。「私はあなたのここがすばらしいと思います。あなたのここは自慢です」なんて書かれて嫌なはずはありません。そのお子さんが何も言わずとも嫌がってはいない様子が伝わりました。親に認めてもらうと自信になると改めて思えるのでした。

「なんだかんだと言っても、認め上手な親の子は伸びるわね」とは、岡野洋美さんの含蓄ある言葉です。認め上手という一言がコミュニケーションの大切なポントを言い当てているようです。

子どもとの接し方

理想は、親が子どもにとっては一番のモデルになることです。気負わず、ありのままの姿を見せた方が子どもは理解してくれるように思います。長所も短所も含めて、子どもは親の背中を見て学ぶのではないでしょうか。

▼長所も短所も含めて、ありのままの自然体で生活する。
▼間違ったときは自ら謝り、前向きに改善する。
▼子どもの立場や思いを尊重する。子ども優先のスケジュールを組むなどで尊重する。

◉子どもは無限の可能性を持っている

愛されていると実感できている子どもは、自暴自棄にはならないということを教師の経験を通して見てきました。窮地に立っても味方がいると思えば勇気が湧きます。だから愛していることが伝わるようにしたいものです。

楽しさを味わうことは人生への期待感につながります。今日の楽しかったことが明日の活力になります。楽しい記憶があれば困難に出会っても、いつか楽しんだ記憶と同じような楽しみを得たいと頑張る力が湧きます。また、ピンチはチャンスととらえられる人にもなれるのです。楽しさを味わっていると、日々への期待感がどんどん強くなって、前向きな考え方ができるようになります。

私がコーチングを始めて一〇年目に入りました。コーチングを知って最も感化されたのはルー・タイスの『望めば叶う』という本でした。ルー・タイスにぜひ会いたいと思っていたら、一昨年に講演会の案内が飛び込んできました。もちろん飛んで駆けつけました。ルー・タイスは認知科学や機能脳科学で証明されているマインド（脳・心）の働きを分かりやすく説明してくれました。特に映像を使って一瞬にして実感させられるので、とても触発されました。脳機能学者の苫米地英人博士と一緒に再構築したプログラムは、世界的な認知心理学者が何人も協力して開発された素晴らしいものです。

ルー・タイスの『望めば叶う』に影響を受けた私は、教室で子どもたちへ頻繁に声かけするようになりました。彼の本に子どもの能力を発揮する教育法として、期待感を持たせるシンプルな方法が紹介されていたからです。基本路線は実にシンプルで、すぐに実践できました。そして実践しながらその考え方に納得できるようになったのです。

まず第一に子どもたちはみんなかわいいと思い、その気持ちを伝え続けました。時には「先生はキモイ」などと悪ふざけをするやんちゃもいましたが、そういう子どもにも「ごめんね、君がどんなに嫌っても私は君のこと大好きなんだよね」と言い続けました。本当に私を嫌っている子どももいたかもしれませんが、私は楽天家なので、子どもたちとは相思相愛だと思い込み、喜びに浸る毎日でした。

第二に子どもたち一人ひとりには無限の可能性があることを信じ、それを言葉に出していきました。「あなたならできる」「あなたなら大丈夫」と、私は断言するように言い続けました。

そして第三にゴールを意識する効果を知ったので、ゴール達成への期待感が生まれるように言葉をかけました。朝なら「今日はどんなことが楽しみかな」。帰りの会では「明日はどんな楽しみがまっているかな」という声かけです。

もとの教え子から届いたカードに、「いつも今日はどんな勉強をするのかな？　と毎日学校へ行くのを楽しみに通いました」というものがありました。教師冥利に尽きます。おっちょこちょいで几帳面でない私を一生懸命サポートしている子どもの様子を、お母さん方から聞くような教師でもありました。

あるお母さんから、

「先生のことを家ではリョウコチャンと呼ぶのですよ。リョウコチャンは抜けているから、私たちがしっかり見守ってあげるんだ、なんて失礼なことを言う時もあって、先生のことをよほど大好きなようです」などと言われたことがありました。このお母さんは、ふがいない先生を大目に見てくれたようですが、嬉しいような申し訳ないようなお話でした。

子どもは大人が認めれば、それを証明するように伸びていきました。立派でない私をサポートしながら自らにある資質を使ってぐんぐん伸びました。コーチングを教室に持ち込む前と後では比べようもないほど、一人ひとりの成長がはっきりつかめるようになりました。子どもが三人いれば三人とも別々の可能性があるのです。相対評価の目線でなく、一人ひとりの子どもを信頼して言葉をかけることが肝心です。一人ひとりの時間軸で見つめて認めていきました。偏ることなく一人ひとりに言葉をかけるようになって、以前よりもっと子どもの可能性を信頼できるようになりました。

ここでは私にもできた簡単な言葉かけが子どもを伸ばすことを紹介したいと思います。何を言うかではなく、好きな気持ちを言葉にする、子どもの可能性をとことん信じていることを言葉にする、これからの楽しみが期待感として心を埋め尽くすように言葉をかけるというものです。

コミュニケーションも人生も試してみることが大切です。実験だと思って試してみてください。うまくいかなければアプローチを少しずつ変えて挑戦してみるのもいいでしょう。

思考することは大切ですが、思っているだけでは変化は生まれにくいのです。

アクティブ・ラーニングを教えていただいた長尾彰さんから教えていただいた名言、「思考より試行」が実力を開発するステップです。お母さんたちには、愛を伝える言葉、信じていることを伝える言葉、期待感が生まれてくるような言葉かけをお薦めします。その場ではちょっと反発するような態度のお子さんも、ぐんぐん明るくなることは間違いないと思います。未来を見つめ、思いついたことにどんどん挑戦できるお子さんになることでしょう。二人いれば二人が別々の世界を目指していいのです。二人の子どもがいたら二人分の成長を味わえるのですから。

あとがき

　私の子育てをふり返ると、子どものちょっとした様子が気になっていた時期がありました。「こんな子どもでも大丈夫だろうか」と自分の基準をもたないままに、いたずらに不安を抱えていることもたびたびでした。親として子どものよりよき将来を期待するのですが、将来の姿もつかめぬままに情報に振り回されて、不安を増幅していたこともあります。

　そんなときに、幼稚園の園長先生から「大丈夫よ」と言われてどんなに安心したか分かりません。気にかかっていた子どもの傾向について「子どもはそんなものですよ」とか「この子は大丈夫」と言われ、すごくほっとしたのを覚えています。ほっとすると同時に心がどんどん和らぐのを感じました。そのときこそ、私の子育ての大きなターニングポイントだったと思います。それからは、子どもの様子を少し客観的に捉えられるようになりました。

　人生も子育ても、ちょっと角度を変えてみると見方が変わり、前に進んでいけます。私の場合、自分の子育てだけではなく、教師として出会ったたくさんの親子から教わり、コーチングの普及を共にした多くの仲間からさまざまなことを得ることができました。ですから、ぜひみなさんにも、外へ一歩踏み出して多くの方と出会ってほしいと思います。同じ立場のお友達や先輩のお母さん、お父さん方に出会うことは、新しい考えやアイデアに気づくきっかけにもなると思うからです。私が自分の子育てだけではなく、五〇〇組以上の保護者と連携しながら、教え子一人ひとりの一年間の成長をサポートしたことやコーチング仲間と意見交換しながらつかめたことは次のようなポイントです。

▼子どもには自ら育つ芽がある。
▼子どもは自ら望めば困難を乗り越えて成長できる。
▼大人に認められると自信と前向きな態度が引き出される。

一方、ご紹介したコミュニケーション・スキルは、どなたとの会話もスムーズにする効果を感じていただけると思います。特に基本である「聞く」というスキルは、コーチングでは「聴く」という文字を使い、注意深く聞くという意味を持たせております。ここではあえて見慣れている「聞く」という文字で統一しましたが、門構えは自分の気に入らない人を閉ざすイメージがあるので、これからは「聴く」という文字をイメージして話し合っていただけば、コミュニケーションはいっそう豊かになることと思います。相手を尊重しよう、理解しようと聴けば共感できることも多くなります。「耳」と「十の目」と「心」

を向けて注意深く聞くというイメージもあるので「聴く」という文字のイメージでスキルを実践していただけると幸いです。

最後になりましたが、ご紹介した事例は個人の特定ができないように少し事実を変えております。自らの体験を提供してくださったみなさんには大変感謝しております。ほかにも、出版に際して詳しく教えていただいた森永製菓無人島体験チームの金丸美樹さん、編集のご協力をいただいた永田久美子さん、子育て支援団体ぴかぴかのみなさん、共育コーチング研究会の仲間のみなさん、最後まで粘り強く応援してくださった素朴社の三浦信夫さんに感謝申し上げます。

この本が、子育てで頑張っているお母さん方の応援になれば幸いです。

大石　綾子

●著者略歴

大石稜子（おおいし　りょうこ）

民間企業に勤めたあと、出産で退職。子育てをしながら教員資格をとり、35歳で小学校教員となる。

新任研修専任教諭となってコミュニケーション力育成の必要性に気づき、日本でいち早く学校現場へ、ルー・タイスの理念とコミュニケーション力育成プログラムを導入して評判となり、テレビで子どもへのかかわり方や授業風景が放映される。

2006年退職。現在はコーチ、雑誌等での執筆、研修講師を行っている。著書に「親と教師のためのやさしいコーチング」（草思社）がある。

TPIE プロジェクト・ディレクター＆ファシリテーター
米国ＮＬＰ協会認定　ＮＬＰプラクティショナー
日本メンタルヘルス協会公認カウンセラー
生涯学習開発財団　認定コーチ
小学校教諭普通１級免許　幼稚園教諭１級
日本コーチ協会正会員
共育コーチング研究会所属

「母親力」を高めるコーチング
― 子育て応援・こころのレシピ ―

2010年10月15日　第1刷発行

著者
大石稜子

発行者
三浦信夫

発行所
株式会社　素朴社
〒150-0002　東京都渋谷区渋谷1-20-24
電話（03）3407-9688
振替　00150-2-52889

http://www.sobokusha.jp

印刷・製本
壮光舎印刷株式会社

ISBN 978-4-903773-14-8　C 0037